한 권으로 끝내는
쇼핑몰 상품 사진 촬영

쇼핑몰과 오픈마켓을 운영하는 분들을 위한 상품 사진 촬영의 기본 교과서

장진수 · 유환준 지음

한 권으로 끝내는
쇼핑몰 상품 사진 촬영

초판 1쇄 인쇄 | 2019년 6월 1일
초판 1쇄 발행 | 2019년 6월 5일

지 은 이 | 장진수, 유환준
발 행 인 | 이상만
발 행 처 | 정보문화사

책 임 편 집 | 최동진
편 집 진 행 | 노미라

주　　　소 | 서울시 종로구 대학로 12길 38 (정보빌딩)
전　　　화 | (02)3673-0037(편집부) / (02)3673-0114(代)
팩　　　스 | (02)3673-0260
등　　　록 | 1990년 2월 14일 제1-1013호
홈 페 이 지 | www.infopub.co.kr

I S B N | 978-89-5674-832-0

이 책은 저작권법에 따라 보호받는 저작물이므로 무단 전재와
무단 복제를 금하며, 이 책 내용의 전부 또는 일부를 사용하려면 반드시
저작권자와 정보문화사 발행인의 서면동의를 받아야 합니다.

※ 책값은 뒤표지에 있습니다.
※ 잘못된 책은 구입한 서점에서 바꿔 드립니다.

추천사

언제나 한결같은 성실함과 노력하는 태도로 보석 같은 사진을 담는 작가님께 존경과 감사를 드립니다. 우리가 함께 했던 10년처럼, 앞으로의 시간도 좋은 추억과 기대를 가져 봅니다.

린인터내셔널 대표 문윤형 (http://www.lalunestyle.com)

쇼핑몰 창업 초기 막막하던 시절, 우연히 사진 강사와 수강생으로 알게 된 진수 작가님, 철저한 자료 준비와 수많은 촬영 경험에 기반된 강의에 반해 먼저 연락했고, 7년째 함께 작업하고 있습니다. 이제는 매년 새롭게 컨셉에 대한 고민과 조언을 해 주는 허물없는 사이가 되었고, 친구로서, 프로로서, 존경스러운 사진 작가입니다.

퍼리즘 대표 방수윤 (http://www.furism.co.kr)

진입 장벽이 낮은 온라인 쇼핑몰 시장 특성상 누구나 쉽게 창업할 수 있지만, 폐업 또한 쉬운 것이 사실입니다. 이런 쇼핑몰 시장은 좋은 제품을 잘 보여 주는 '이미지의 경쟁'이기도 합니다. 아는 만큼 보인다고 했던가요? 직접 사진 촬영을 하든, 포토그래퍼를 고용하든, 오너라면 쇼핑몰 촬영에 대해 알아야 할 것들이 있습니다. 이 책은 폐업이 아닌 성공으로 가는 길에 동반자가 되리라 확신합니다.

메리드마리, 에리쉬 대표 정연실 (http://marriedmari.com, http://www.erish.kr)

간절한 마음을 담아 시작했다. 하지만, 어떻게 시작해야 할까? 의문부터 앞서는 게 현실. 좋은 사진을 찍고 싶다. 꼼꼼한 그의 노하우를 이 책을 통해 배워 자신감과 함께 나의 인생과 창업에 좋은 사진을 남겨 보려 한다. Thank you.

모델 문아랑 (인스타그램 @_moonarang)

많은 쇼핑몰이 생기고 사라지는 요즘. 누구나 쉽게 쇼핑몰 운영에 필요한 사진을 잘 다룰 수 있게 해 주는 책이다. 다년간 이 분야에 종사해 온 필자의 세심한 노하우를 손쉽게 얻을 수 있다. 쇼핑몰을 창업하거나 사진 분야에 어려움을 느끼고 있는 분이라면 꼭 읽어 보면 좋겠다. 사진 스타일부터 뛰어나기 때문에 더욱 추천한다.

포토그래퍼 에버제이 이왕용 (인스타그램 @ever_jay)

장진수 포토그래피는 오랜 촬영 경험과 노하우로 업체가 원하는 느낌을 잘 살려 사진을 담아냅니다. 일에 있어 가장 중요한 커뮤니케이션이 그 누구보다 잘 되며, 활발하여 항상 만족하는 결과물을 만들어 냅니다. 그런 그의 노하우를 압축하여 볼 수 있는 기회가 왔습니다.

그랑블루 스튜디오 대표 박상우 (http://www.studiograndhleu.com/)

우리 장 작가! 앞으로 뭐 먹고 살꼬?
이 책에 모든 밑천 다 내어 줬는데…….

TJ VISUAL 촬영 감독 김태진 (https://tjvisual.com)

머리말

쇼핑몰 업계에서 촬영을 해 온 지도 어느덧 10년 이상 흘렀습니다. 그저 사진이 좋아서 카메라를 잡았는데, 어느 순간 보니 포토그래퍼가 되어 촬영을 하고 있더라고요. 그리고 주력 촬영 분야는 온라인 쇼핑몰 사진 촬영이 되어 있었습니다.

꾸준히 촬영을 하다 보니 생각보다 온라인 창업을 하는 사람들이 많다는 것을 알게 되었고, 창업자들의 힘든 부분 중 높은 확률을 차지하는 것이 자금 문제라는 것을 알게 되었습니다. 그리고 자금적인 부분 중 가장 비중을 많이 차지하는 것이 전문 인력 사용 비용이었습니다.

초보 사장님들은 창업 전에 '사진 찍어서 올리면 되는 거 아니야?'라는 생각을 가지곤 합니다. 물론 사진을 찍어서 올리면 되지만, 운영을 해 보면 말처럼 간단하지 않다는 것을 알게 되고, 전문 인력들을 고용해서 쓰게 되는데, 비용이 많이 들어 자금난으로 힘든 순간을 맞이하게 됩니다. 그래서 전문 인력의 사용을 줄이기 위해, 가족끼리 친구끼리 서로 모델이 되어 모델 비용을 아끼거나, 카메라를 구입해 직접 촬영함으로써 포토그래퍼 비용을 아낀다든지, 포토샵을 배워서 웹 디자인 및 리터칭 비용을 절감하는 방법을 택하게 됩니다.

이제 막 카메라를 구매하고 사진을 찍어 보고자 하는 분들이 찍고자 하는 사진은 상업 사진(전문가의 영역)입니다. 이것은 이제 막 운전면허증을 취득했는데 차를 사고 자동차 경주 대회에 출전하려는 것과 같습니다. 즉, 그만큼 상업 사진은 초보자들이 쉽게 넘볼 수 있는 영역이 아니며, 쉽게 좋은 결과물에 도달할 수 없습니다. 하지만 초보 사장님들은 해내야 합니다.

이 책은 전문 포토그래퍼들이나 하이 아마추어 분들이 더 많은 역량 발휘를 위해서 보는 책이 아닙니다. DSLR 또는 미러리스에 관심이 있는 쇼핑몰 창업자분이나 카메라를 조금 다뤄 본 초보이지만 쇼핑몰 촬영을 위해 스스로 도전하는 분들을 위한 책입니다. 그리고 폰카(스마트폰 카메라)말고는 카메라를 사용해 본 적이 없다면, 자신의 카메라를 구입할 때 들어 있는 설명서를 보면서 카메라 버튼이나, 다이얼 정도는 조작해 보고 이 책을 보는 것이 도움이 됩니다.

필자는 2013년부터 쇼핑몰 사진 촬영 수업을 하고 있습니다. 수업에서 수강생(대부분 온라인 창업을 시작하시는 분들)에게 늘 전하는 말이 있습니다.

운전대를 처음 잡았을 때는 아무것도 할 수 없겠지만, 시간이 지날수록 음료수도 마실 수 있고 옆 사람과 이야기도 하고 음악 볼륨도 조절할 수 있는 여유가 생기듯이, 사진 촬영도 처음에는 밝기 조절하기도 힘이 들지만 점차 구도도 살짝 바꿔 볼 수 있고 모델에게 다양한 연출도 요구하며 화이트 밸런스도 잘 맞출 수 있게 성장하는 모습을 보게 될 것입니다.

사진 촬영 분야에서 얻게 된 노하우를 전달하여 조금이라도 시행착오를 줄이고, 좀 더 빠른 시간 안에 숙달하여 전문가 수준에 결과물을 낼 수 있도록 도움을 주고자 집필하였습니다.

필자는 고난을 터널이라고 생각하지 동굴이라 생각하지 않습니다. 동굴은 들어갈수록 더욱 어둡고, 결국은 막힌 곳입니다. 하지만, 터널은 동굴과 다르게 견디며 나아가다 보면 작은 빛이 보이고, 이윽고 터널을 통과하여 밝은 빛을 맞이할 날이 반드시 옵니다.

분명 한번에 다 되지 않습니다. 그렇지만, 이 책은 긴 터널을 조금이라도 짧게 만들어 여러분들이 좋은 결과물에 쉽게 다가갈 수 있도록 도울 것입니다.

장진수, 유환준

쇼핑몰 창업자분들이 궁금해 하는 사진 촬영 Q&A

Q 요즘 스마트폰으로도 많이 촬영하던데, 저도 스마트폰으로 촬영해도 될까요?

A 최근 몇 년 사이 스마트폰 카메라 사진 품질이 아주 좋아졌습니다. 그래서 많은 업체들이 스마트폰으로 촬영하고 있는 것이 현실입니다(그렇다고, 모든 촬영을 스마트폰에 의지하여 촬영하지 않습니다). 하지만, 아무리 화질이 좋아진 스마트폰 카메라라고 할지라도, 세밀한 디테일 및 배경 날림, 후보정을 생각한다면 DSLR이나 미러리스 결과물에 비해 분명 부족한 부분들도 아직 많습니다.

이제 막 오픈한 쇼핑몰이라면 스마트폰 카메라에만 의지해서 촬영하기에는 아쉬운 점이 많습니다. 쇼핑몰 전체 이미지 및 사진 컨셉도 미흡하고 충분히 업데이트된 제품도 없는 상황에서 결과물마저 부족하면 판매는 더욱 어려울 수 있습니다. 그래서 조명을 쓰는 환경이나 메인 이미지 촬영에서는 DSLR 및 미러리스로 촬영을 하고, 셀프 촬영 느낌을 주고 싶거나, 유동 인구가 많아 좁고 번잡한 곳에서의 촬영이거나, 부담 없이 편안한 촬영을 할 때는 스마트폰을 보조 도구로 이용하여 촬영하면 좋습니다.

Q 자연광이 들어오는 장소에서 거의 모든 제품들이 균일한 결과물로 된 사진들이 있던데 어떻게 촬영하나요?

A 자연광으로만 촬영할 경우 계절별로 빛이 잘 비추어지는 시간대를 잡고, 빛에 의해 생기는 바닥에 그림자를 보고 촬영 타이밍을 결정합니다. 핵심은 일관성 있는 시간대와 빛만을 이용하는 것입니다. 물론 맑은 날 위주로 촬영을 해야 결과물의 편차가 적습니다. 또한 포토샵으로 밝기 및 화이트 밸런스를 조절하여 비교적 일관된 결과물을 얻을 수 있습니다. 그리고 인공적인 빛을 이용하여 자연광 느낌처럼 촬영하는 방법은 141쪽을 참고해주세요.

Q 모델 촬영을 할 때 꼭 비싼 모델을 써야 하나요?

A 비싼 모델을 써야 한다기보다는 가격 대비 자사 쇼핑몰이 추구하는 이미지에 잘 맞는 모델을 찾는 것이 중요합니다. 그 과정에서 가격대가 높을 수도 있고, 적당할 수도 있으며, 발굴 개념으로 함께 성장해 가고자 하는 모델을 섭외한다면 상대적으로 저렴하게 촬영할 수 있습니다. 그리고 무조건 아끼는 것보다는 좋은 이미지를 위한 투자가 필요할 경우도 있습니다. 비용이 높은 모델을 쓰다가 기존 모델보다 저렴한 모델을 구했다고

좋아했던 사장님이 있었습니다. 그런데, 촬영 후 포토샵으로 몸매, 얼굴 등 수정할 부분이 늘어나게 되어 기존에 2~3일이면 마무리되었던 작업이 더 많은 시간이 필요하게 되었고, 그에 따라 리터칭 외주 비용의 증가와 일부 상품은 리터칭이 길어진 기간 동안 품절이 되기도 하였으며, 결과적으로 이미지는 나빠지고, 매출까지 떨어졌습니다. 이렇듯 당장 모델 비용의 절감이 더 큰 손해를 가져다주는 경우도 있기에 우리는 비용 절감을 최우선시 하기보다는 얼마나 우리 쇼핑몰을 잘 표현해 줄 수 있는 모델인가에 더 중점을 두어야 할 것입니다.

Q 야외 촬영은 필수인가요?

A 자사의 쇼핑몰이 어떤 컨셉을 잡느냐에 따라 달라집니다. 활동적인 코디와 컨셉의 쇼핑몰인데, 실내에서만 촬영하거나 흰색 배경 앞에서만 촬영하면 너무 심심할 수 있으며, 원피스, 섹시 원피스, 홈복 위주라면 야외보다 옷의 분위기와 잘 맞는 스튜디오를 중점으로 촬영하는 경우도 많습니다.

배경이 화려한 야외 촬영 위주의 사진을 사용하던 쇼핑몰이 있었는데 한동안 호리존 스튜디오 촬영으로 전환한 적이 있었습니다. 그런데 눈에 띄게 매출이 감소하였고 다시 야외 촬영으로 전환했더니 매출이 회복되는 모습도 볼 수 있었습니다.

그렇다고 야외 촬영이 무조건 매출에 좋다는 것이 아니라 '고객들의 눈이 어떤 비주얼에 적응되어 있는가?', '우리의 컨셉을 잘 표현해 줄 수 있는 곳이 야외인가? 실내인가?'를 생각해 보고 정해야 할 것입니다.

Q 촬영할 때 P모드를 쓰면 알아서 잘 촬영된다고 하던데 P모드를 쓰는 것에 대해 어떻게 해야 하나요?

A 촬영 기법에 대해 아무것도 모르는 상황에서 DSLR/미러리스로 촬영을 해야 할 때 P모드가 의외로 잘 나오는 상황이 있을 수 있습니다. 하지만, 환경에 맞게 프로그램 된 값으로 자동 촬영이 되다 보니 조리개를 열어 아웃포커싱이 되는 촬영을 하거나 조리개를 조여 선명도 높은 사진을 만들 때처럼 사용자가 조리개와 셔터스피드를 조작하여 특정 효과를 만들려고 하는 것은 P모드에서 불가능합니다. 초보자가 급할 때 사용할 수 있지만, 실력 향상도 더디며 가급적 빠른 기간에 카메라 조작을 익혀서 AV(조리개 우선)모드, M모드에서 촬영하는 것을 권장합니다.

PHOTO GALLERY

1_ 그늘에서의 상반신 사진
2_ 스트리트 패션 전신 사진
3_ 저조도 고 ISO 사진
4_ 역광 상반신 사진

5_ 역사광 상반신 사진
6_ 역사광 인물 사진
7_ 비오는 날 고 ISO 사진
8_ 역광 클로즈업 사진

9_ 야간 고 ISO 사진
10_ 역광 상반신 사진
11_ 사광 전신 사진
12_ 역광 로우 앵글 사진

13_광각 전신 사진
14_역사광 상반신 사진
15_스트리트 패션 전신 사진
16_자연광 스튜디오 전신 사진
17_배경을 이용한 인물 사진
18_그늘에서의 고 ISO 사진
19_소품(비눗방울)을 이용한 사진
20_하이 앵글로 촬영한 상반신 사진
21_역광 전신 사진
22_하이 앵글 상반신 사진
23_스트리트 클로즈업 사진

PHOTO GALLERY

24

25

27

28

26

29

30

31

32

33

24_망원 렌즈를 활용한 오피스룩 촬영
25_소품과 분위기를 잘 살려 연출한 촬영
26_역광과 역동적인 동작을 이용하여 옷의 실루엣을 살린 사진
27_여백과 균형 잡힌 앵글_오피스룩 촬영
28_걸음걸이를 잘 살린 스트리트 패션
29_역광 스트리트 패션
30_맑은 날 그림자를 이용한 촬영
31_걸음걸이를 잘 살린 역광 스트리트 사진
32_강한 햇볕속에서 눈부심을 피해 촬영하기
33_모델의 앞쪽, 뒤쪽 배경 날림과 편안한 표정의 미시룩 촬영
34_오후의 햇살과 상큼한 미소의 캐주얼 촬영
35_뽀얗고 따스함과 실루엣을 연출한 역광 촬영
36_은은한 톤의 실내 촬영과 즐겁게 표현한 캐주얼
37_옷이 덜 보여도 다양함과 즐거움을 줄 수 있는 촬영
38_일상의 편히 담은 데일리한 촬영
39_편안한 앵글과 컬러감으로 데일리함을 표현

40_포즈가 강조된 오피스룩
41_망원 렌즈를 활용한 수평, 수직이 잘 맞는 촬영
42_One light 호리존 촬영
43_공간감이 잘 드러나게 여백 활용
44_대리석으로 꾸며진 장소에서의 오피스룩 촬영

호리존 스튜디오 전경과 조명 장비

리플렉터
빛을 잘 모아주는 형태여서 콘트라스트 및 광량의 세기가 잘 유지되며, 허니컴과의 조합으로 강한 그림자를 만들 때에도 사용되며, 천장 바운스를 이용할 때도 리플렉터가 주로 이용됩니다.

붐스탠드+팔각 소프트 박스
붐스탠드는 조명을 높은 위치에서 사용할 수 있게 해주는 역할이고, 팔각 소프트 박스는 사각 소프트 박스보다 원형에 가까운 형태로 빛을 비춰주며, 부드러운 빛을 만들어 줍니다.

젬볼
부드러운 빛을 360도 방향으로 확산시키는 용도로 사용합니다. 방송에서 지속광용으로 많이 사용되지만, 사진 촬영할 때에는 지속광, 순간광 모두 이용이 가능합니다. 다른 조명 도구들보다 더 자연광과 비슷한 느낌을 낼 수 있습니다.

직사각 소프트 박스
가장 대중적으로 사용되며, 상반신 전신 등에 충분히 활용하기가 좋으나 눈에 비치는 캐치아이(Catch Eye) 형태가 네모 모양이라 팔각이나 원형보다는 덜 예뻐 보일 수 있습니다.

뷰티 디쉬
콘트라스트가 살아 있으면서 빛도 충분히 강하여 질감 묘사에도 좋고, 캐치아이도 깨끗하게 나옵니다. 그래서 코스매틱, 뷰티 촬영, 콘택트 렌즈 착용 사진 등에 많이 이용됩니다.

직사각 소프트 박스

Contents

추천사 　　　　　　　　　　　　　　　　　　　　　　　　　　003
머리말 　　　　　　　　　　　　　　　　　　　　　　　　　　004
쇼핑몰 창업자분들이 궁금해 하는 사진 촬영 Q&A 　　　　　 006
Photo Gallery 　　　　　　　　　　　　　　　　　　　　　 008
호리존 스튜디오 전경과 조명 장비 　　　　　　　　　　　　 012

쇼핑몰 촬영 준비

SECTION 01 촬영을 위한 카메라와 렌즈는 무엇을 사야 하나?　020
SECTION 02 카메라의 종류와 특징　022
|01| DSLR 카메라의 특징과 장단점　025
|02| 미러리스 카메라의 특징과 장단점　026
　🔵 알고 갑시다! DSLR 카메라와 미러리스 카메라의 구조적 차이와 작동 방식　028
|03| 컴팩트 카메라의 특징과 장단점　029
|04| 스마트폰 카메라의 특징과 장단점　030

SECTION 03 렌즈의 종류와 특징　031
|01| 렌즈별 초점거리와 화각　032
|02| 광각 렌즈가 보여주는 특징　035
　🔵 알고 갑시다! 광각 렌즈의 왜곡이란?　038
　🔵 알고 갑시다! 심도란 무엇인가요?　040
|03| 표준 렌즈가 보여주는 특징　040
|04| 망원 렌즈가 보여주는 특징　044
|05| 특수 렌즈가 보여주는 특징　046

SECTION 04 용도와 예산에 맞는 카메라 고르기　051
　🔵 알고 갑시다! 카메라를 선택할 때 화소에 대한 편견　052
　🔵 알고 갑시다! 합리적인 중고 카메라 구매하기　053

기본 촬영

SECTION 01 나의 카메라 기본 기능 다루기	057
SECTION 02 노출이란?	059
SECTION 03 조리개와 셔터스피드의 관계	061
|01| 프라이팬에 스테이크 굽기와 조리개 값, 셔터스피드의 상관관계	061
|02| 촬영 조건 – 셔터스피드와 결과물의 관계	064
SECTION 04 ISO란 무엇인가?	066
|01| ISO 설정에 따른 노이즈 결과물	067
SECTION 05 촬영 모드의 이해	070
SECTION 06 화이트 밸런스의 이해	072
|01| 광원의 색온도	072
🔵 알고 갑시다! RAW 파일 촬영 후 후보정으로 화이트 밸런스를 조절하는 방법	075
SECTION 07 구도와 여백	077
🔵 알고 갑시다! 인물 촬영의 구도를 설정할 때 고려사항	078

나의 쇼핑몰 촬영 방향

SECTION 01 쇼핑몰의 컨셉과 포지셔닝	082
|01| 나의 판매 아이템	082
|02| 쇼핑몰의 포지셔닝	083
|03| 자사의 쇼핑몰 컨셉 잡아가기	086
SECTION 02 의류 쇼핑몰 사진 스타일별 유형 분석	088
|01| 오피스룩 쇼핑몰	088
|02| 캐주얼 쇼핑몰	100
|03| 스트리트 패션, 헐리웃 스타일 쇼핑몰	105

|04| 미시/마담 쇼핑몰　　　　　　　　　　　　　　　　110
|05| 데일리 스타일 쇼핑몰　　　　　　　　　　　　　　115

SECTION 03 나의 촬영 방향 설정　　　　　　　　　123
|01| 자사 쇼핑몰의 포지셔닝과 유형 분석을 통한 자사의 촬영 방향 설정　　123
|02| 모델 선정 및 모델 컨셉　　　　　　　　　　　125

04 스튜디오 촬영과 조명

SECTION 01 스튜디오 조명과 보조 장비　　　　　　130
|01| 스튜디오 조명의 종류와 빛의 효과　　　　　　　130
|02| 보조 장비의 종류와 빛의 효과　　　　　　　　　133
|03| 스튜디오 조명의 광량 조절하기　　　　　　　　134
|04| 조명 촬영을 위한 카메라 세팅　　　　　　　　　139

SECTION 02 제품 촬영 Know & How　　　　　　　141
|01| 자연광/지속광을 이용한 의류 제품 촬영하기　　　141
　　알고 갑시다! 제품 컷, 디테일 컷을 가로로 촬영하는 이유　　143
|02| 조명을 이용한 바닥컷 촬영하기　　　　　　　　143
|03| 촬영하기 불리한 여건에서의 마네킹 촬영하기　　146
|04| 배경과 조명을 이용한 투과감을 살리는 촬영하기　148
|05| 슈팅 테이블을 이용한 작은 제품들 촬영하기　　149
|06| 미니 스튜디오를 이용한 소품 촬영하기　　　　　157

SECTION 03 조명을 이용한 모델 촬영　　　　　　　160
|01| 소프트 박스를 이용한 기본 모델 촬영하기　　　160
　　알고 갑시다! 반사판의 종류와 선택　　　　　　　　166
|02| 소프트 박스와 보조 조명을 이용한 임팩트 있는 촬영하기　168
|03| 룩북 스타일의 조명 촬영하기　　　　　　　　　174

야외 모델 촬영

SECTION 01 야외 촬영 준비 — 178
|01| 야외 촬영을 하는 이유와 장단점 — 179
|02| 야외 촬영 장소 선정하기 — 179
|03| 야외 촬영과 스튜디오 촬영의 차이점과 보조 장비의 준비 — 184
|04| 스튜디오가 아닌 실내 장소 섭외 방법 — 185
|05| 왜곡된 결과물을 줄이기 위한 촬영 자세 — 188

SECTION 02 야외 촬영, 태양빛, 그림자 — 191
|01| 빛과 그림자 그리고 질감 표현 — 191
|02| 빛의 방향에 따른 얼굴 표현 및 모델의 느낌 — 194
|03| 그림자 안과 밖의 촬영 — 197
|04| 역광 촬영하기 — 200
🔵 알고 갑시다! 해가 기울 때 역광 촬영 예쁘게 하기 — 202

촬영 후 피드백

SECTION 01 예술 사진이 아닌 상업 사진으로서의 접근 — 206
|01| 핏감, 옷감이 잘 보이는 사진 — 206
|02| 상세 페이지 디자인에 유리한 촬영 — 209
🔵 알고 갑시다! 타이트한 여백에서의 다리 늘리는 공간 만들기 — 211

SECTION 02 촬영 리뷰 — 214
|01| 쇼핑몰 촬영의 방향성 체크와 리뷰 — 214
|02| 모델과의 커뮤니케이션 — 219
🔵 알고 갑시다! 촬영 중 현장 리뷰 시 가로 사진/세로 사진, 전신 사진/상반신 사진 비율 쉽게 보기 — 221
|03| 베스트/워스트 사진 선정하기 — 222

07 포토샵을 이용한 쇼핑몰 사진의 기본 보정

SECTION 01 기본 노출 및 기본 색감   228

|01| 노출 보정   228
　: Brightness/Contrast   230
　: Levels   231
　: Curves   232
　: Exposure   233

|02| 명부, 암부 다듬기   234
　: Curves   234
　: Shadows/Highlights   237

|03| Curves를 통한 화이트 밸런스/색감 조정   239
　: Red   239
　: Green   240
　: Blue   241

SECTION 02 사진 다듬기   245

|01| 다리 늘리기   245
　　알고 갑시다! 다리를 늘릴 때 복잡한 배경은 위험하다   248
|02| 얼굴 라인 다듬기   249
|03| Web용 피부 보정하기   252

찾아보기   256

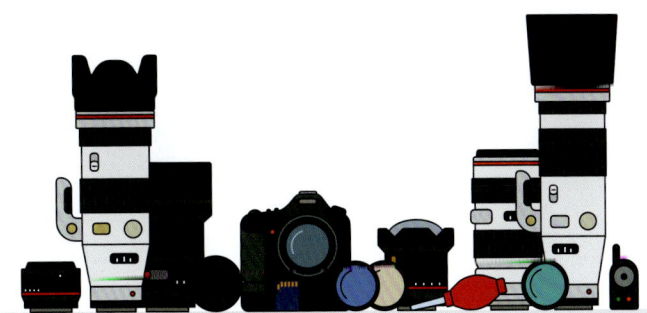

CHAPTER

YOU ARE
A REASON TO
01
smile

쇼핑몰 촬영 준비

Section 01 촬영을 위한 카메라와 렌즈는 무엇을 사야 하나?
Section 02 카메라의 종류와 특징
Section 03 렌즈의 종류와 특징
Section 04 용도와 예산에 맞는 카메라 고르기

촬영을 위한 카메라와 렌즈는 무엇을 사야 하나?

비단 쇼핑몰 촬영뿐만 아니라 사진 촬영을 위해 처음 카메라와 렌즈를 구매하는 분들이 항상 만나게 되는 질문입니다.

2000년대 초반부터 본격적으로 출시된 디지털 카메라의 대중화로 현재까지 많은 종류의 디지털 카메라가 출시되었고, 2010년 이후 빠른 속도로 대중화된 스마트폰 카메라도 우수한 성능을 가지고 있기 때문에, 카메라를 처음 구매하려는 촬영 초보자 분들에게는 다양한 카메라 중에 본인에게 적합한 카메라를 선택하기 위한 정확한 정보가 필요합니다.

카메라를 사기 위해 인터넷 검색을 해보면 제조사, 가격대, 카메라 타입, 센서 크기, 조리개, 화소, ISO 등에 따라 차별화되어 만들어진 수많은 카메라를 발견하게 됩니다. 초보자의 입장에서 생소하고 전문적인 단어로 설명된 카메라의 기능을 하나하나 공부하며 자신만의 카메라를 선택하기는 쉽지 않습니다. 차라리 카메라 선택을 위해 본인의 상황을 잘 아는 누군가가 '이 카메라를 선택해!'라고 골라 주었으면 하는 생각이 들기도 합니다.

한정적인 예산으로 자신의 용도에 맞는 적절한 카메라 선택을 위해서 몇 가지 가이드라인을 제시해 보도록 하겠습니다.

본인이 카메라에 투자할 수 있는 금액을 고려해야 합니다.

카메라 구입 예산이 충분해서 좋은 카메라를 구매하면 좋겠지만, 예산이 충분하지 않은 경우 촬영 용도를 꼼꼼히 따져보고 적당한 카메라를 구매하는 것이 좋습니다.

중고 제품을 구매할지 새 제품을 구매할지 결정합니다.

예산이 충분하지 않고 예산보다 조금 더 고급 장비를 구매하고 싶은 경우에는 중고 장비를 구매해서 사용해보고 나중에 더 좋은 장비를 구매하는 것도 좋은 방법입니다.

오프라인 샵, 인터넷 중고 매장에서 구매할 때는 가격을 꼼꼼히 비교해보고, 사진 전문 사이트의 장터나 거래자 간의 직거래로 구매할 경우에는 카메라를 잘 아는 지인들과 함께 직접 제품을 손에 잡아보고 구매하는 것이 좋습니다.

본인이 찍고 싶은 사진을 찍는 사진가들의 장비를 확인해보도록 합니다.

본인이 찍고 싶은 사진을 찍는 사진가 즉, 좋아하는 사진가가 어떤 장비와 렌즈로 촬영했는지 미리 확인해보고 동일하거나 그 장비에 준하는 장비를 구매하도록 합니다.

카메라의 부피와 무게

카메라가 전문적, 고사양으로 올라갈수록 장비의 부피와 무게는 크고 무거워집니다. 촬영 장소가 바뀔 때마다 항상 들고 움직여야 할 장비이므로 장비의 부피와 무게, 휴대성은 중요한 고려 요소 중 하나입니다.

SECTION 02 카메라의 종류와 특징

다양한 카메라 중 자신에게 맞는 카메라를 선택하기 위해서는 카메라의 종류와 장단점에 대한 이해가 필요합니다. 이 장에서는 카메라의 종류를 몇 가지 카테고리로 나누어 그 특징과 장단점을 확인해 보도록 하겠습니다.

우선 카메라로 촬영한 결과물을 저장하는 방식에 따라 필름 카메라와 디지털 카메라로 나눌 수 있습니다. 간단하게 설명하자면 기본적으로 빛을 받아들여 결과물을 만들어내는 기능은 필름 카메라와 디지털 카메라 모두 동일합니다. 다만 필름 카메라는 빛을 필름이라는 매개체에 감광시켜 화학적 인화, 현상을 통해 결과물을 얻는 것이고, 디지털 카메라는 렌즈를 통해 들어온 빛을 디지털 센서를 통하여 디지털화하여 데이터로 저장하는 방식입니다.

기술의 발달로 카메라는 점차 디지털로 발전했지만, 필름 시대에 개발된 카메라의 광학적인 기본 구조는 그대로 디지털 카메라에 사용되고 있습니다.

> 카메라 내부에 미러가 있고 렌즈 교환 방식인 SLR 카메라 ⇨ DSLR 카메라
> 카메라 내부에 미러가 없고 렌즈 교환 방식인 RF 카메라 ⇨ 미러리스 카메라
> 컴팩트 필름 카메라 ⇨ 컴팩트 디지털 카메라 또는 스마트폰 카메라

SLR 카메라: 필름

DSLR 카메라

쇼핑몰 촬영은 촬영 특성상 사진의 컷 수가 많고 촬영 후 빠른 시간 안에 편집 및 업데이트를 해야 하기 때문에 필름 현상, 디지털 스캔이 필요한 필름 카메라보다는 디지털 카메라가 더 많이 사용됩니다. 필름만의 아날로그적인 그레인이나 독특한 색감 때문에 몇몇 쇼핑몰은 필름 카메라로 촬영한 사진을 사용하기도 합니다.

카메라를 처음 구입하는 초보자의 선택을 돕기 위해 디지털 센서의 크기와 그에 따른 카메라의 종류를 알아보도록 하겠습니다.

위의 도식에서 원색의 사각형으로 디지털 카메라에 사용되는 센서의 크기를 표현해 보았습니다(디지털 센서의 크기는 각 카메라 제조사별로 차이가 조금씩 있습니다).

왼쪽의 빨간색 사각형으로 표현한 Full Frame 센서(35mm 필름과 같은 사이즈)는 주로 고가형 DSLR이나 미러리스 카메라에 사용되며 APS-H, APS-C 타입 센서는 보급형 DSLR과 미러리스에 사용되고 있습니다.

최근 출시되는 작은 크기의 컴팩트 카메라는 스마트폰의 기능 향상으로 기존의 1/3.2″, 1/2.3″ 규격의 디지털 센서의 사용을 줄이고 점차 1″ 규격의 큰 센서를 장착하여 스마트폰 카메라와의 차별성을 두고 있습니다.

이러한 센서의 물리적 크기는 카메라 자체의 심도, 고감도 촬영, 노이즈 등에 영향을 줍니다. 동일한 화소 조건에서는 센서의 크기가 클수록 촬영에 유리합니다. 카메라의 화소는 사각형 센서 안에 들어가는 화소(점)의 수로 표현할 수 있습니다. 예를 들어 1,200만 화소를 가지는 풀 프레임 카메라와 1,200만 화소를 가진 스마트폰으로 촬영한 사진은 화소수가 동일할지라도 센서의 크기에서 오는 결과물의 차이가 큽니다.

한 장의 사진을 만들기 위해서는 렌즈를 통해 들어온 빛이 내장된 센서를 통해 사각형 안에 1,200만 개의 점으로 표현되어 데이터가 저장됩니다. 센서의 차이로 나타나는 화소 하나하나의 크기와 그 크기로부터 오는 결과물의 데이터는 절대적으로 차이가 날 수밖에 없습니다.

풀 프레임 카메라 센서와 스마트폰 카메라 센서 크기 비교

최근 스마트폰이 대중화되면서 스마트폰으로 촬영한 결과물이 DSLR로 촬영한 사진보다 좋다고 하는 말들을 가끔 듣곤 합니다. 스마트폰 디스플레이를 통해 보는 작은 크기의 사진으로는 별다른 차이를 느낄 수 없을지 모르지만, 실제 촬영한 결과물을 큰 모니터를 통해 비교해보면 그 상대적인 차이는 확연히 다를 수밖에 없습니다. 위의 그림은 절대적인 센서의 크기의 차이입니다.

작은 크기의 엔진을 가진 소형 자동차와 대형 엔진을 가진 고급 자동차 모두 120km/h의 속도를 내며 달릴 수는 있지만, 120km/h로 도달하는 데 걸리는 시간, 승차감과 안정성의 차이가 있는 것에 비유해 볼 수 있습니다.

다음의 표는 디지털 카메라의 센서가 클수록 나타나는 장단점에 대해 정리한 것입니다. 카메라를 구입할 때 가장 큰 영향을 미치는 가격, 사진의 화질, 카메라와 렌즈 크기는 무게에도 직접적인 연관이 있는 사항이므로 센서의 크기에 따른 차이는 꼭 이해해야 할 사항입니다. 또한 카메라를 선택할 때 가격 대비 카메라의 성능을 비교하는 데에 가장 크게 고려해야 할 사항입니다.

큰 규격의 센서로 얻을 수 있는 장점	큰 규격의 센서로 인해 발생하는 단점
• 센서가 클수록 화질이 좋아진다. • 동일 화소수 대비 노이즈가 감소한다. • 얕은 심도의 표현(아웃포커싱)이 유리하다. • 같은 렌즈를 사용할 때 더 넓은 화각을 확보한다. • DR(다이나믹 레인지)이 상대적으로 넓다.	• 카메라 가격이 증가한다. (풀 프레임 센서=스마트폰 센서 55배 넓이) • 카메라의 부피와 무게가 커진다. • 렌즈의 크기와 무게가 커진다.

앞의 내용에서 카메라의 화상 저장 방식에 따라 필름 카메라와 디지털 카메라로 구분하고, 디지털 카메라에서 센서의 크기에 따라 카메라의 종류를 간략하게 살펴보았습니다. 최초로 카메라를 구입하는 입장에서 각각의 카메라가 어떠한 특징과 장단점을 가지고 있는지 자세하게 알아보도록 하겠습니다.

|01| DSLR 카메라의 특징과 장단점

DSLR 카메라는 Digital Single Lens Reflex의 준말로 '디지털 일안 반사식 카메라'라고 합니다. 촬영할 '피사체 또는 풍경 → 렌즈 → 반사경 → 프리즘 → 뷰파인더→ 눈'을 통해서 촬영하는 구조를 가지고 있습니다.

카메라 셔터를 누르면 카메라 내부의 미러가 접혀 올라가고 동시에 미러 뒤에 있는 셔터가 작동하여 센서에 빛을 전달하며 촬영이 이루어집니다. 카메라의 기본 구조는 필름 시절의 SLR 카메라와 동일하고 필름 대신 디지털 센서와 후면 디스플레이를 더하여 현재의 DSLR로 발전되었습니다. 현재까지 쇼핑몰 촬영에 가장 많이 사용되는 카메라이기도 합니다.

DSLR 카메라 렌즈 마운트

DSLR 카메라 주요 부품: 미러 구동부, 센서 등

장점

- DSLR은 실제의 광경을 미러 – 펜타프리즘–뷰파인더를 직접 보면서 촬영하기 때문에 시각적인 이질감이 없고 순간의 모습을 담는 촬영에 상대적으로 유리합니다.
- DSLR은 카메라가 상용화된 지 오랜 시간이 지났고 필름 카메라인 SLR 카메라용 렌즈를 바로 적용하여 사용할 수 있기 때문에 카메라 제조사별로 초점거리 10mm 정도의 어안 렌즈부터 초점거리 1,000mm의 고배율 망원 렌즈까지 용도에 따라 다양한 렌즈군을 가지고 있습니다.
- 뷰파인더로 사물을 보고 촬영하기 때문에 전자식 디스플레이나 전자식 뷰파인더를 보고 촬영하는 다른 종류의 카메라보다 배터리를 오래 사용할 수 있습니다.
- 필름환산 35mm 사이즈(1:1 풀 프레임 경우)의 이미지 센서를 가지고 있어서 상대적으로 센서가 작은 카메라에 비해 고화소, 고감도(ISO) 저노이즈의 이미지를 촬영할 수 있습니다.
- DSLR이 발명되어 상용화된 지 오랜 시간이 지났고 촬영 관련 주변기기들이 많이 개발되어 있어서 다양한 촬영 장비와 연계하여 사용할 수 있습니다.

: 단점

- 카메라 바디에 화각과 목적에 따른 다양한 렌즈가 필요하기 때문에 촬영할 때 필요한 장비의 부피와 무게가 커서 휴대성이 떨어집니다.
- 셔터를 누르는 순간 렌즈 안쪽에 반사경 미러가 움직이므로 촬영할 때 미세한 소음과 흔들림이 있습니다(Mirror Shock: 미러 쇼크).
- DSLR 카메라는 카메라 내부의 미러와 위상차 검출 센서를 통해 촬영이 이루어집니다. 셔터를 누를 때마다 미러가 철컥철컥 움직이면서 구동을 하고 일정 기간 사용하면 미러와 위상차 센서와의 거리가 틀어져 초점 오류가 생기므로 핀 교정이 필요합니다.
- 카메라 바디 및 렌즈가 전문가용 고가 장비이기 때문에 기본적인 장비를 구비하는 데에 많은 비용이 필요합니다.
- DSLR은 '전문가용 카메라'라는 인식이 강하기 때문에 사람들이 많은 거리 촬영이나 조용한 카페에서 가벼운 쇼핑몰 촬영을 할 때 사람들의 주목을 많이 받을 수 있습니다.

|02| 미러리스 카메라의 특징과 장단점

미러리스 카메라(Mirrorless Camera)는 기존 DSLR에서 반사용 미러와 펜타프리즘을 없앤 구조로, 셔터에 따라 미러가 움직이는 복잡하고 정밀한 구동 공간과 카메라 헤드 부분의 펜타프리즘이 차지하는 공간이 없어지면서 부피와 무게가 줄어든 렌즈 교환식 카메라로 발전하게 되었습니다.

미러리스 카메라는 아직까지 AF와 초기 가동 소요 시간, 배터리 등의 풀어야 할 숙제가 있지만 DSLR 카메라 수준의 카메라 성능과 하이엔드 디카 수준의 작은 바디 크기로 현재 DSLR이 차지하고 있는 역할을 대체해 가고 있습니다.

미러리스 카메라 렌즈 마운트

미러리스 주요 부품: 미러 구동부가 없고 센서만 있는 구조

장점

- DSLR 대비 복잡한 구조와 정밀함이 요구되는 미러와 펜타프리즘이 카메라에서 사라지면서 카메라 바디의 높이와 두께가 줄어들었습니다.
- 미러가 없는 간단한 구조로 센서 촬상면 위상차 AF 방식을 사용하여 기존 DSLR 사용자들이 지속적으로 고민하던 렌즈 핀 교정의 필요성이 없어졌습니다.
- 전자식 뷰파인더 또는 후면 디스플레이 액정을 사용하여 노출의 고민 없이 사진 결과물은 그대로 눈으로 확인하며 촬영할 수 있습니다.
- DSLR 카메라에 비해 바디 크기가 작기 때문에 카페나 거리 등 사람들이 많은 장소에서도 주목받지 않고 촬영할 수 있습니다.
- 카메라의 구조상 광학적인 미러 구조가 없어서 짧아진 플랜지백(Flange Back: 렌즈 교환식 카메라의 렌즈 마운트로부터 이미지 센서 촬상면까지의 거리) 덕분에 광각 렌즈 제조에 유리하고, 광각 렌즈가 가볍고 화질이 좋으며 왜곡이 적습니다.
- 미러가 없는 구조이기 때문에 기종에 따라 셔터음 없이 무음 촬영 설정이 가능합니다. 조용한 실내 촬영이나 행사 촬영을 할 때 장점이 될 수 있습니다.

단점

- 카메라가 켜져 있는 동안 계속 이미지 센서 및 LCD가 작동하고 있으므로 배터리 소모가 심합니다.
- 구형 버전 미러리스에 쓰이는 콘트라스트 AF는 정확성은 있으나 초점을 잡는 속도가 느립니다(이러한 AF 방식은 최근 기술의 발전으로 위상차 검출 방식 AF의 병행 도입 또는 듀얼 픽셀 COMS 기술을 도입하여 기존 단점을 극복하고 정확성과 속도 모두를 장점으로 바꾸고 있습니다).
- 신품 및 중고 렌즈의 가격이 비싸고 중고 시장에서 유통되는 중고품 매물도 적습니다.
- 전자식 뷰파인더와 LCD를 통해 촬영하는 미러리스는 실제 눈으로 보는 광경에 비해 이질감을 느낄 수 있습니다.
- DSLR 대비 외부에 드러나 있던 조작 장치들이 자동화 메뉴 속으로 들어가 있어서 신속한 조건 변경이 어렵고 조작감이 떨어집니다.
- 렌즈 마운트를 열어보면 센서가 바로 노출되어 있기 때문에 렌즈를 교환할 때 센서에 먼지가 끼기 쉽습니다.

알고 갑시다! DSLR 카메라와 미러리스 카메라의 구조적 차이와 작동 방식

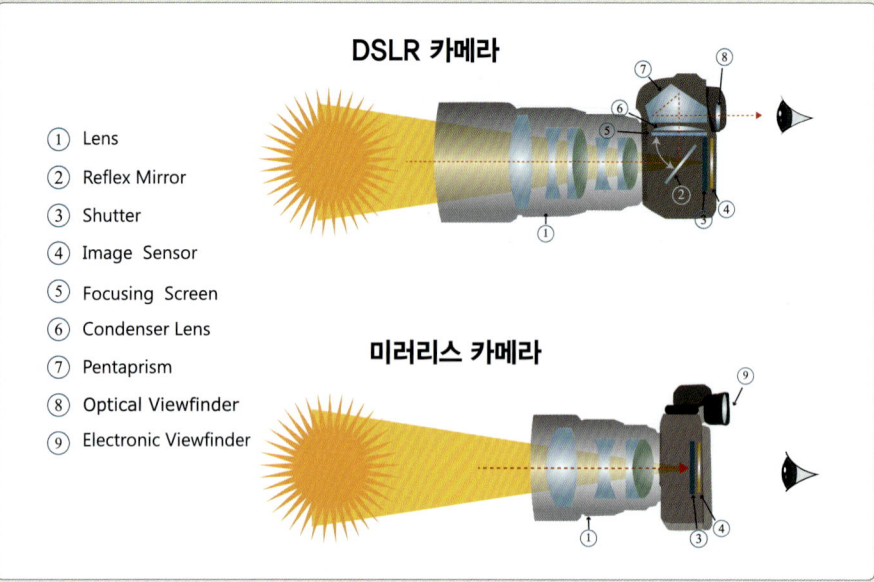

① Lens
② Reflex Mirror
③ Shutter
④ Image Sensor
⑤ Focusing Screen
⑥ Condenser Lens
⑦ Pentaprism
⑧ Optical Viewfinder
⑨ Electronic Viewfinder

DSLR과 미러리스 카메라 구조

1. DSLR 카메라

★ 푸른색 글씨로 표현된 과정은 DSLR에만 있는 구조입니다.

① 렌즈 → ② 반사미러 → ③ 셔터 → ④ 이미지 센서 → ⑤ 초점 스크린 → ⑥ 콘덴서 렌즈 → ⑦ 펜타프리즘 → ⑧ 광학 뷰파인더

- 렌즈-반사미러-펜타프리즘을 통해 들어온 장면을 눈으로 관찰합니다.
- 초점을 잡기 위해 반셔터를 누르면 반사미러와 셔터 스크린을 통해 초점을 잡습니다.
- 셔터 버튼을 누르면 철컥 소리와 함께 반사미러가 위쪽으로 말려 올라가고 셔터가 열리면서 들어온 빛이 이미지 센서에 인식되어 사진 파일로 저장됩니다.

2. 미러리스 카메라

① 렌즈 → ③ 셔터 → ④ 이미지 센서 → ⑨ 전자식 뷰파인더

- 렌즈를 통해 들어온 빛이 센서에 인식되고 전자식 뷰파인더와 액정을 통해 눈으로 보여지게 됩니다.
- 초점을 잡기 위해 반셔터를 누르면 이미지 센서 촬상면에서 초점을 잡게 됩니다.
- 셔터 버튼을 누르면 이미지 센서에 바로 들어오는 빛이 사진 파일로 저장됩니다.
- ★ 이미지 센서를 통해 비추어진 장면이 전자식 액정/뷰파인더로 나타나기 때문에 촬영 전에 미리 최종 사진 결과물을 보고 촬영할 수 있습니다.

|03| 컴팩트 카메라의 특징과 장단점

컴팩트 디지털 카메라는 말 그대로 작은 사이즈의 디지털 카메라를 말합니다. 작은 규격의 이미지 센서를 내장하고 있어서 카메라의 크기를 작게 설계하고, 카메라에 고정식 광학줌렌즈가 장착되어 있어서 별도의 렌즈를 갖고 다닐 필요가 없으므로 휴대성에 최적화된 카메라입니다.

최근에는 스마트폰에 내장된 카메라의 성능이 좋아지면서 휴대성의 최강 자리를 놓치긴 했지만, 스마트폰 카메라보다 규격이 큰 이미지 센서와 스마트폰에서 구현하기 어려운 광학줌이 강화된 하이엔드 디카로 발전되어 고화소의 화질을 요구하는 곳이 아닌 SNS를 통한 쇼핑몰 촬영에 충분한 카메라입니다.

컴팩트 카메라 구조와 주요 부품 및 이미지 센서

장점

- 구조상 광학줌 기능이 없는 스마트폰 대비 기본적인 광학줌 기능이 있어서 다양한 화각의 사진을 촬영할 수 있습니다.
- 카메라 크기가 작아서 카페나 사람들이 많은 공공장소에서 크게 눈에 띄지 않고 사용할 수 있습니다.
- 컴팩트 카메라는 짧은 초점거리가 요구되는 접사 촬영에 유리합니다. 부피가 작은 슈얼리나 액세서리 계열의 제품 촬영에 활용하면 좋습니다.

> 최근 컴팩트 하이엔드 디카는 광학줌이 되지 않는 스마트폰 카메라와 차별화를 두어 기존 보통 2~3배의 광학줌을 가진 가메라에서 점차 광학줌 기능을 높여 10배 줌 이상의 모델이 출시되어 일반적인 DSLR 카메라 사용자들도 손쉽게 접할 수 없는 200mm 이상의 화각을 촬영할 수 있게 되었습니다.

- **단점**
  - 컴팩트 디카는 DSLR이나 미러리스 대비 센서 크기가 작아서 동일 화소 대비 상대적으로 화질 및 광량이 적은 환경에서 노이즈가 발생합니다.
  - 컴팩트 디카는 DSLR과 미러리스 대비 배경 흐림이 있는 결과물을 촬영하기 어렵습니다.

|04| 스마트폰 카메라의 특징과 장단점

스마트폰은 최근 우리들의 생활에서 가장 많이 사용하는 휴대 기기이면서 가격 대비 성능이 좋은 카메라를 내장하고 있습니다.

스마트폰 카메라는 단순히 사진 촬영 기능에 있어서의 휴대성뿐만 아니라 스마트폰 기능을 촬영에 활용하여 여러 가지 APP을 사용한 촬영, 리터칭, SNS 등에 직접 업로드, 클라우드 서비스를 통한 데이터의 백업까지 가능한 멀티 기기의 장점을 가지고 있습니다.

- **특징과 장점**
  - 컴퓨터나 외부 장치에 의존하지 않고, 사진을 직접 촬영하고 앱을 통해서 리터칭 및 편집을 하며, 웹 및 SNS 등에 전송할 수 있습니다. 또한 사진 파일의 파일 정보에 촬영 날짜 및 촬영 장소의 GPS 정보가 자동으로 입력되어 스마트폰 안에 파일을 편리하게 보관 및 분류할 수 있습니다.
  - 스마트폰 카메라는 짧은 초점거리를 가지기 때문에 접사 촬영에 유리합니다. 이미 대부분의 스마트폰 사용자들은 이 기능을 통하여 명함이나 서류를 근접한 거리에서 스캔하듯이 촬영하고 있습니다.
  - 저렴한 가격에 비해 뛰어난 성능을 가지고 있습니다.

- **단점**
  - 스마트폰 카메라는 보통 4~6배의 디지털줌이 가능하나 렌즈의 초점거리 변화를 통한 광학줌이 아닌 단순히 화소 픽셀 자체를 크게 확대하는 방식이므로 픽셀이 깨지거나 뭉개짐 현상이 생깁니다.
  - 야간 촬영의 조건에서 스마트폰으로 촬영한 결과물은 디지털 센서 크기에 따른 차이로 인해 DSLR의 고감도 촬영 사진에 비해 화질 저하 및 노이즈가 발생합니다.
  - 일반적으로 크기가 작은 광각 단렌즈로 구성된 스마트폰 카메라는 심도가 얕은(배경 흐림이 있는) 사진은 촬영할 수가 없습니다. 다시 말해 깊은 심도를 가진 스마트폰 카메라는 DSLR로 찍기 힘든 심도 깊은 사진을 연출하여 촬영할 수 있습니다.

렌즈의 종류와 특징

앞의 섹션에서 우리는 카메라의 종류에 대해서 알아보았습니다. 사진 촬영을 하려면 우선 카메라를 선택하고 촬영하고자 하는 사진 특성에 맞도록 렌즈군을 구성해야 합니다. 경제적인 여건이 되어서 선택한 카메라에 마운트할 수 있는 모든 화각의 렌즈를 구매하여 사용할 수 있으면 좋겠지만, 일반적인 쇼핑몰 촬영에는 항상 모든 화각대의 렌즈가 필요하지는 않습니다.

또한 스튜디오처럼 지정된 한 장소에서 고정적으로 촬영하는 경우 외에 거리나 야외에서 촬영을 할 때는 수시로 이동하면서 장시간 촬영을 해야 하기 때문에 렌즈의 부피와 무게는 촬영을 진행하는데 있어서 제약이 되기도 합니다. 따라서 렌즈를 구매할 때 어떤 화각의 렌즈가 본인이 촬영하고자 하는 사진에 잘 맞고, 자주 사용할지에 대해 미리 고려할 필요가 있습니다.

이번 장에서는 각각의 화각에 따른 렌즈가 가지는 특성과 장단점에 대해서 알아보고 자신에 맞는 렌즈를 결정하는 데에 필요한 정보를 알아보도록 하겠습니다.

TIP 스마트폰 카메라용 추가 렌즈들

스마트폰 카메라는 내장된 단렌즈만을 사용하고 별도의 교환식 렌즈를 사용할 수 없어서 다양한 화각을 촬영하기에는 한계가 있었습니다. 이러한 화각의 한계성을 보완하기 위해 렌즈 앞에 넛내어 화각을 변화시키는 액세서리 렌즈를 사용하여 광각이나 망원의 효과를 낼 수도 있습니다.

|01| 렌즈별 초점거리와 화각

여러 가지 카메라의 종류 중 렌즈 교환 시스템을 가지고 있는 DSLR이나 미러리스 카메라는 다양한 화각의 렌즈를 마운트하여 필요한 상황에 따라 적절한 화각과 심도를 표현할 수 있습니다. 다양한 렌즈 중에 자신의 촬영에 필요한 렌즈를 선택할 때는 우선 렌즈의 화각과 초점거리에 대한 이해가 필요합니다.

초점거리란 렌즈의 중심에서 센서의 촬상면까지의 거리를 말합니다. 우리가 흔히 볼 수 있는 렌즈 표면에 표기된 mm가 바로 이 초점거리입니다. 렌즈의 화각이란 센서면의 대각선 양쪽 끝과 렌즈의 중심 간의 초점거리가 만들어내는 각도를 말합니다. 광각 렌즈는 초점거리가 짧아 화각이 넓은 렌즈를 말하고, 망원 렌즈는 초점거리가 길어서 상대적으로 화각이 좁은 렌즈를 말합니다. 아래의 설명 도식을 통해 좀 더 쉽게 이해할 수 있습니다.

- 짧은 초점거리 = 렌즈의 mm가 작음 = 화각이 넓음 = 근거리를 넓게 볼 수 있음
- 긴 초점거리 = 렌즈의 mm가 큼 = 화각이 좁음 = 원거리를 좁게 볼 수 있음

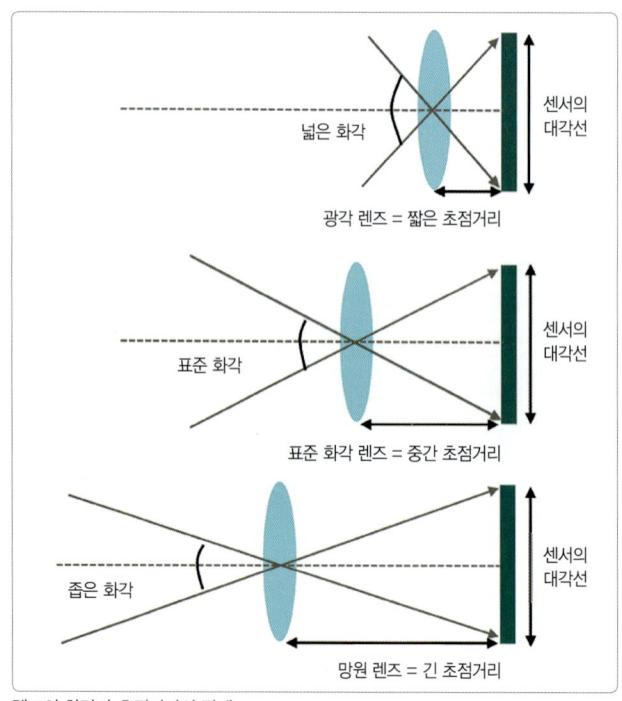

렌즈의 화각과 초점거리의 관계

보통 15mm~30mm의 짧은 초점거리를 가지는 렌즈들을 광각 렌즈라고 하며 넓은 화각을 가집니다. 70mm~200mm의 긴 초점거리를 가지는 렌즈는 망원 렌즈라고 하며 좁은 화각을 가집니다. 표준 화각 렌즈라고 하는 화각은 38mm~70mm의 초점거리를 가지는 렌즈입니다.

아래의 도식에서 보여지는 색상은 각각의 서로 다른 화각대의 렌즈들의 화각과 초점거리를 표시한 것입니다. 초점거리가 7mm인 어안 렌즈부터 초점거리가 300mm 이상인 초망원 렌즈까지 화각과 초점거리를 한눈에 비교해 볼 수 있습니다.

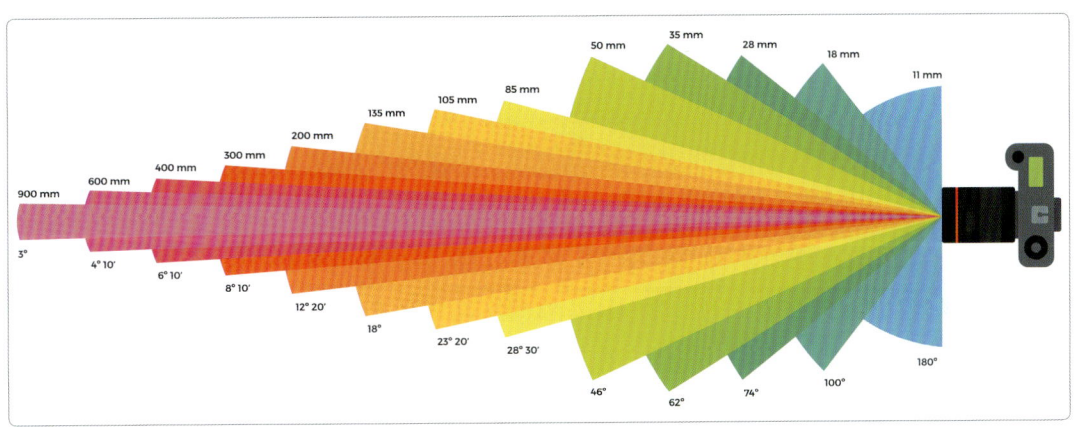

렌즈에 따른 초점거리

렌즈의 종류	초점거리	렌즈 화각	비고
초광각	7mm~15mm	84°~180°	건축, 인테리어
광각	15mm~35mm	60°~84°	풍경, 그룹 인물 사진
표준	38mm~70mm	34°~60°	일상, 스냅
준망원	70mm~100mm	24°~34°	인물, 어린이
망원	100mm~300mm	8°~24°	스포츠, 야생동물
초망원	300mm 이상	~8°	원거리 피사체, 조류

다음에 나열한 3장의 사진은 각각 광각, 표준, 망원의 화각을 활용하여 동일한 장소에서 촬영한 것입니다. 사진을 비교해 보고 각각의 화각이 가지는 차이점을 느낄 수 있습니다.

24mm의 광각으로 촬영한 사진은 말 그대로 넓은 화각과 짧은 초점거리로 실제 사람의 눈으로 보는 모습보다 넓은 장면을 사진에 담게 해줍니다. 광각 렌즈가 가지는 고유의 왜곡으로 근경은 더 가깝게, 원경은 더 멀게 느껴지게 하는 효과를 줍니다.

24mm 광각으로 촬영한 사진

48mm의 표준 화각으로 촬영한 사진은 광각의 화각보다는 좁고 망원의 화각보다는 넓은 화각을 가지며 광각의 화각으로 촬영한 사진보다 인물과 배경이 더 가깝게 보이고 화각도 조금 더 좁아진 것을 확인할 수 있습니다. 표준 화각은 렌즈가 가지는 화각 중 사람의 시각과 가장 유사한 장면을 사진에 담게 해 줍니다.

48mm 표준 화각으로 촬영한 사진

망원계 렌즈로 촬영한 사진은 광각과 표준 화각으로 촬영한 사진보다 더 좁은 화각을 갖으며 사진에 보이는 인물과 배경이 실제보다 가깝게 느껴지는 장면을 사진에 담게 해 줍니다. 특히 멀리 있어서 실제로 작게 보이는 원경을 가깝게 보이도록 하는 특징을 가지고 있습니다.

85mm 망원 화각으로 촬영한 사진

|02| 광각 렌즈가 보여주는 특징

광각 렌즈는 일반적으로 15mm~35mm 정도의 초점거리를 가지고 60~84도의 화각을 가지는 렌즈를 말하며, 사진에 담기는 범위가 표준 렌즈보다 넓어서 동일 거리에서 피사체를 촬영할 때 표준 렌즈와 망원 렌즈에 비해 피사체가 작게 담기고 심도가 깊어서 근경에서 원경까지 디테일을 잘 담을 수 있습니다.

광각 렌즈를 잘 이용할 수 있는 몇 가지 촬영 조건들을 정리해 보았습니다.

: 실내 등의 한정된 좁은 공간에서 피사체를 촬영하기 위해 넓은 화각이 필요할 때

카페나 좁은 실내 공간에서 인물 촬영을 할 때는 협소한 공간 때문에 피사체와 렌즈 간의 거리가 짧아서 표준 화각의 렌즈나 망원계 렌즈를 사용하면 클로즈업이나 상반신 정도의 좁은 화각밖에 확보할 수 없습니다.

이러한 조건에서 광각 렌즈를 사용하면 짧은 초점거리와 넓은 화각으로 동일한 촬영 거리에서 다른 화각의 렌즈보다 더 넓은 앵글을 확보하여 촬영할 수 있습니다.

24mm 광각으로 촬영한 사진

: 광활한 야외에서 사람의 시야보다 넓은 범위를 찍고자 할 때

넓게 펼쳐진 야외에서 피사체와 풍경을 실제 눈으로 보는 장면보다 넓고 광활하게 촬영하고 싶을 때는 사람의 시각보다 넓게 담을 수 있는 광각 렌즈를 사용하면 좋습니다.

24mm 광각으로 촬영한 사진

광각 렌즈가 가지는 독특한 왜곡을 사용하여 효과를 내고자 할 때

광각 렌즈가 가지는 가장 큰 특징 중의 하나가 왜곡 현상입니다. 가까이 있는 것은 더욱 크게 보이고 멀리 있는 것은 더 작게 보이는 광각 렌즈의 특징은 인물 사진을 촬영할 때 큰 장점으로 활용할 수 있습니다. 아래의 사진처럼 렌즈의 왜곡을 사용해서 피사체의 다리를 렌즈와 가까운 거리에 위치하고 얼굴을 멀리 위치하여 촬영하면 가까이 있는 다리는 길어 보이고 멀리 있는 얼굴은 작게 보이는 효과를 낼 수 있습니다.

35mm 광각으로 렌즈의 왜곡을 활용한 사진

알고 갑시다! 광각 렌즈의 왜곡이란?

광각 렌즈가 가지는 왜곡의 형태는 렌즈로부터 가까운 곳에 있는 것은 더욱 가깝고 크게 하고, 먼 것은 더 작고 멀게 만드는 원근 왜곡입니다. 렌즈가 가지는 왜곡은 2차원적인 사진에 담길 때 대부분 아래 두 가지 형태로 나타납니다.

① Pincushion Distortion은 쉬운 말로 '오목 일그러짐'이라고 이해할 수 있습니다.

당나귀 사진처럼 앵글 주변부에 왜곡이 생기는 것을 말합니다. 렌즈와 가까운 거리에 있는 두 마리 당나귀 얼굴과 뒤에 있는 당나귀 다리 등은 길어 보이는 왜곡의 효과를 받고, 중앙에 있는 당나귀 얼굴은 왜곡의 영향을 적게 받은 것을 볼 수 있습니다.

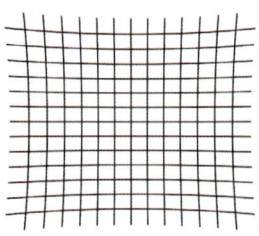 

Pincushion Distortion

② Barrel Distortion은 쉬운 말로 '볼록 일그러짐'이라고 이해할 수 있습니다.

강아지 사진처럼 앵글 중앙부에 왜곡이 생기는 것을 말합니다. 왜곡의 영향을 받아서 렌즈와 가까운 거리에 있는 강아지의 코는 크게, 멀리 위치한 엉덩이와 다리, 꼬리 등은 작게 보이는 것을 확인할 수 있습니다.

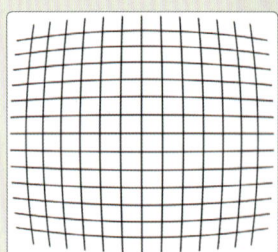 

Barrel Distortion

깊은 심도를 이용하여 스냅 사진을 찍고자 할 때

광각의 화각을 가진 렌즈는 다른 화각대의 렌즈보다 깊은 심도를 표현할 수 있습니다. 다음의 예시로 소개한 외국 사진에서는 근경에 있는 바닥, 인물, 원경에 위치한 벽 모두 선명하게 표현되어 있습니다.

TIP 깊은 심도를 표현한 스냅 사진 촬영은 조건에 따라 얕은 심도를 표현할 수 있는 DSLR보다 센서 크기 자체가 작아서 얕은 심도를 표현하는 데 한계가 있는 컴팩트 카메라 또는 스마트폰 카메라가 더욱 유리합니다.

24mm 광각으로 깊은 심도를 표현한 사진

심도가 깊은 광각 렌즈에 높은 조리개 값 설정과 약간의 아이디어를 넣어 촬영하면 재미있는 사진을 연출할 수 있습니다.

24mm 광각으로 깊은 심도를 이용한 스냅 사진

> **알고 갑시다! 심도란 무엇인가요?**
>
> 심도란 사진에서 초점이 맞는 곳으로부터 선명하게 표현되는 앞/뒤의 거리(두께)를 말합니다. 심도가 얕다는 것은 초점이 맞은 곳의 앞/뒤로 선명함의 두께 표현이 얕고 전경/배경이 흐릿하게 표현되는 것을 말하고, 심도가 깊다는 것은 초점이 맞은 곳에서부터 앞/뒤로 선명함의 두께 표현이 깊고 전경/배경이 모두 선명하게 표현되었다는 것을 말합니다.
>
> ① 렌즈의 종류별 심도는 광각일수록 깊고 망원일수록 얕습니다(광각 > 표준 > 망원).
> ② 동일 화각의 렌즈의 경우 렌즈의 최대 밝기가 밝을수록 얕은 심도 표현이 가능합니다.
>   (렌즈에 표기된 F값이 낮을수록 렌즈가 가지는 최대 밝기는 밝습니다. 최대 밝기가 밝은 렌즈일수록 고가이기도 합니다.)
> ③ 같은 렌즈를 사용하여 촬영할 때 조리개를 조일수록 깊은 심도를, 조리개를 개방할수록 얕은 심도를 표현할 수 있습니다.
>   예) F/1.8 (얕은 심도) < F/8.0 (깊은 심도)

|03| 표준 렌즈가 보여주는 특징

표준 화각은 일반적으로 38mm~70mm 정도의 초점거리를 가지고 34~60도 각도의 화각을 가지는 렌즈들을 말합니다. 이 화각대의 렌즈들은 고유의 왜곡이 있는 광각 렌즈와 망원 렌즈와는 달리 적당한 심도와 화각을 가지고 있고, 왜곡이 적기 때문에 눈으로 보는 모습들과 별다른 차이가 없는 편안한 모습들을 사진으로 담을 수 있습니다.

다음의 예시 사진을 통해 표준 렌즈가 사용되는 조건들을 확인해보도록 하겠습니다.

: 왜곡이 적은 화각으로 편안한 일상의 스냅이나, 간단한 풍경, 인물 사진을 촬영할 때

표준 화각대 렌즈로 촬영한 일상의 스냅은 사람의 시각보다 넓은 장면을 모두 담아내는 광각 사진과는 달리 편안하고, 안정적인 화각 안에 촬영자의 독특한 시선이 담긴 스냅 사진을 담아낼 수 있습니다.

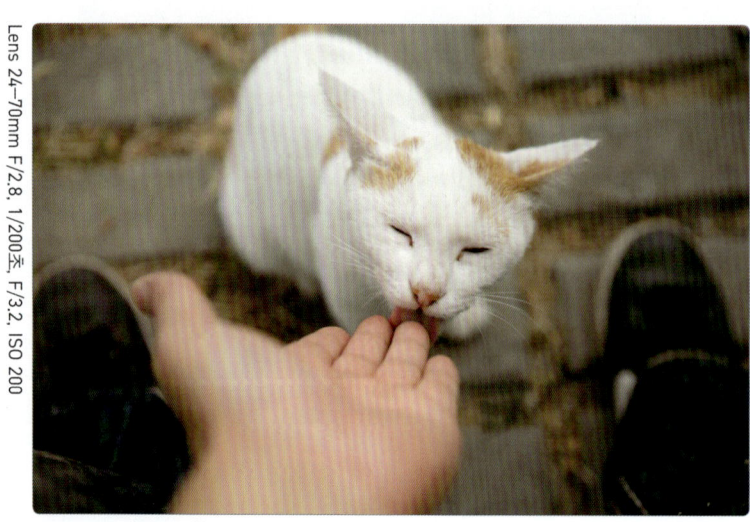

48mm 표준 화각으로 촬영한 스냅 사진

50mm 표준 화각으로 촬영한 일상 스냅 사진

표준 화각대 렌즈로 촬영한 풍경 사진 역시 왜곡이 적은 화각으로 촬영자 고유의 시선을 편안한 느낌으로 담을 수 있습니다.

52mm 표준 화각으로 촬영한 풍경 사진

표준 화각대 렌즈로 촬영한 인물 사진 또한 왜곡 없는 편안하고 사실적인 느낌을 전달합니다. 저렴한 가격과 가벼운 무게로 인해 처음 인물 사진을 촬영하는 포토그래퍼들이 가장 많이 사용하는 50mm 단렌즈도 이 화각대에 속합니다.

50mm 표준 화각으로 촬영한 인물 사진

: 적당한 배경 날림이 있는 인물의 클로즈업, 상반신, 전신 사진을 촬영할 때

표준 화각대 렌즈로 촬영한 인물 클로즈업 사진은 렌즈가 가지는 초점거리에 의해서 초점을 맞춘 인물 뒤로 적당한 배경 흐림을 표현해 줍니다.

50mm 표준 화각으로 촬영한 클로즈업 사진

표준 화각대 렌즈로 촬영한 상반신 인물 사진은 초점을 맞춘 인물 뒤로 적당히 흐려진 배경을 담게 해줍니다.

표준 화각대 렌즈들이 만들어내는 작은 크기의 보케는 배경에 따라 이 화각대 렌즈들만의 매력으로 활용할 수 있습니다.

60mm 표준 화각으로 촬영한 상반신 사진

표준 화각대 렌즈로 촬영한 전신 인물 사진은 왜곡이 없는 사실적인 결과물을 담게 해줍니다.

인물의 전신을 촬영할 때 배경 흐림은 클로즈업이나 상반신 사진보다 덜 하고, 망원계의 사진에 비해 적은 편이기 때문에, 주변 환경과 배경을 고려하여 촬영에 활용해야 합니다.

50mm 표준 화각으로 촬영한 전신 사진

|04| 망원 렌즈가 보여주는 특징

망원 계열의 렌즈란 70mm 이상의 초점거리와 24도 미만의 좁은 화각대를 가지는 렌즈를 말합니다. 망원계 렌즈의 특징은 긴 초점거리와 얕은 심도로 인해 초점을 맞춘 피사체와 배경이 분리되어 묘사됩니다. 즉, 배경 흐림의 효과가 다른 렌즈군에 비하여 큽니다. 이러한 배경 흐림의 효과는 같은 렌즈 밝기 조건에서 초점거리가 길면 길수록 더 크게 나타납니다(85mm ＜ 135mm ＜ 200mm ＜ 300mm …).

또한 멀리 보이는 거리감을 압축하여 공간의 압축 현상을 가져옵니다. 실제로 멀리 보이는 배경들을 피사체 가까이 당겨서 실제 거리보다 훨씬 가까이 보이도록 하는 특징을 가지고 있습니다.

일반적으로 인물 촬영을 할 때 배경 뭉개짐의 효과를 얻기 위한 경우

망원계 렌즈는 인물 촬영을 할 때 다른 화각대보다 더 큰 배경 흐림과 보케(뭉개짐)를 표현해 줍니다. 아래의 사진에서는 초점을 맞춘 인물 배경에서 뭉개지는 나뭇잎을 확인해 볼 수 있습니다.

85mm 준망원 화각으로 촬영한 사진

: 풍경 또는 스냅 사진에서 망원 렌즈의 원근 압축 왜곡을 활용하여 표현하는 경우

망원계 렌즈를 사용하고, 조리개를 조여서 촬영한 아래의 사진에서 중경에 위치한 다리와 바다 건너편 원경에 위치한 건물들이 실제 눈으로 보는 것보다 더욱 가깝게 표현된 것을 확인할 수 있습니다.

120mm 망원 화각으로 촬영한 풍경 사진

하늘과 구름을 배경으로 한 아래의 스냅 사진에서도 망원 렌즈의 왜곡에 의해 먼 거리에 위치한 구름들이 실제보다 가까이 있는 것처럼 표현되어 있습니다.

136mm 망원 화각으로 촬영한 스냅 사진

⁝ 거리나 사람이 많은 장소에서 불필요한 배경의 디테일을 날려서 촬영할 때

쇼핑몰 사진 촬영의 한 트렌드로 유명한 카페거리나 중심가에서 스트리트 사진처럼 촬영하는 경우가 종종 있습니다. 거리 촬영을 하다 보면 사진에는 불필요한 거리의 간판, 자동차, 사람들의 모습이 사진에 들어오기 마련입니다. 이러한 경우는 망원계 렌즈를 사용하여 피사체 외의 배경들을 흐릿하게 날려서 촬영해주는 것이 좋습니다.

85mm 준망원 화각으로 촬영한 사진

|05| 특수 렌즈가 보여주는 특징

앞에서 우리는 광각 렌즈, 표준 렌즈, 망원 렌즈의 특징과 사용 방법에 대해서 알아보았습니다. DSLR과 미러리스 같은 렌즈 교환식 카메라에는 평소 잘 사용하지 않지만 특별한 장면이나 효과를 연출하기 위한 특수 렌즈들이 있습니다.

: 어안 렌즈

어안 렌즈(Fisheye Lens)는 180도에 가까운 화각과 짧은 초점거리를 가지는 렌즈로, 물 안에서 물 밖에 180도 화각을 물고기의 눈으로 보는 장면과 유사한 결과물을 앵글에 담을 수 있도록 해주는 초광각 렌즈의 하나입니다. 어안 렌즈는 초점거리와 결과물의 형태에 따라 두 가지 종류로 구분할 수 있습니다.

- 6mm~8mm의 초점거리를 가지고 있어서 결과물이 동그란 원형의 형태로 나타나는 렌즈

8mm 초점거리의 어안 렌즈로 촬영한 사진

- 15mm~21mm의 초점거리를 가지고 있어서 결과물이 직사각형으로 나타나는 렌즈

16mm 어안 렌즈로 촬영한 사진

어안 렌즈가 가져다주는 결과물은 왜곡의 효과가 극명하기 때문에 일상의 촬영이나 쇼핑몰 촬영에서는 그리 많이 사용되지 않으며 주로 건축, 인테리어, 학술용 등의 촬영에 사용됩니다.

매크로 렌즈

매크로 렌즈(Macro Lens)는 렌즈가 가지는 초점거리를 최대한 가깝게 하고 이미지 센서에 맺히는 상의 크기를 렌즈가 가지는 배율에 따라 크게 만들 수 있도록 특수 설계된 렌즈를 말합니다. 렌즈의 독특한 구조로 인해 동일한 화각대의 일반 렌즈와는 달리 매크로 렌즈가 가지고 있는 배율이 1:1인 렌즈로 100원짜리 동전을 촬영할 경우 100원짜리 크기 그대로 35mm인 센서 크기에 1:1로 상을 비추게 하여 센서에 꽉찬 100원짜리 동전을 촬영할 수 있게 해줍니다. 즉, 카메라가 2,000만 화소인 경우 센서 전체에 가득 차는 동전을 2,000만 화소로 디테일하게 촬영하여 표현할 수 있습니다. 일반적으로 사진가들이 꽃, 곤충들의 촬영에 사용하며 크기가 작고 디테일의 표현이 요구되는 제품 촬영에 사용되기도 합니다.

60mm 매크로 렌즈로 촬영한 사진

매크로 렌즈는 렌즈의 심도가 극도로 얕아서 초점이 맞는 부분에서 아주 짧은 거리라 할지라도 뭉개짐 현상이 생기기 때문에 피사체의 디테일을 확보하기 위해서는 조리개 값을 높게 세팅하고 촬영해야 합니다. 조리개를 조임에 따라 느려진 셔터스피드를 보완하기 위해 삼각대를 세팅하거나 광량을 올려 셔터스피드를 확보하기 위한 스트로보나 조명 장비 등의 지원이 필요합니다.

줌렌즈

카메라 구매를 결정하고 렌즈를 선택하다 보면 항상 단렌즈와 줌렌즈라는 선택에서 고민하게 됩니다. 우선 줌렌즈는 렌즈에 있는 줌링을 조정할 수 있으며, 그에 따라 렌즈의 초점거리와 화각을 변형하여 촬영할 수 있는 렌즈를 말합니다. 일반적으로 줌렌즈의 화각이 3배 이내의 고급 렌즈는 줌링을 이용하여 초점거리와 화각을 변환할 때 렌즈가 가지는 최대 밝기가 변하지 않는 고정 조리개 값을 가지고 있습니다(24-70mm F/2.8, 70-200mm F/2.8 등).

대표적인 표준 줌렌즈인 Canon EF 24-70mm F/2.8

렌즈의 가격이 저렴하거나 렌즈의 줌링을 조정할 때 3배 이상의 초점거리와 화각의 구현이 가능한 렌즈들은 렌즈가 가지는 최대 밝기가 변하는 가변 조리개를 가지고 있습니다(28-300m F/3.5-5.6, 18-55mm F/3.5-5.6 등).

줌렌즈의 장점
- 렌즈 하나로 여러 개의 화각으로 촬영이 가능하며 촬영자가 발줌을 사용하여 움직일 수 없는 촬영을 할 때 효과적입니다.
- 단렌즈 여러 개의 화각을 렌즈 하나로 커버하므로 이동이 많은 촬영을 할 때 장비의 무게를 줄일 수 있습니다(여행 촬영, 거리 스냅 촬영 등).
- 순간을 기록하는 스냅 촬영을 할 때 별도의 렌즈 교환 없이 화각을 조절하여 촬영이 가능합니다.
- 고급 줌렌즈는 렌즈의 최대 밝기를 활용하는 조리개 최대 개방 촬영을 제외하고는 단렌즈에 비해 떨어지지 않는 결과물을 얻을 수 있습니다.

줌렌즈의 단점
- 줌렌즈 자체의 무게가 단렌즈에 비해 무겁습니다.
- 렌즈의 최대 밝기가 단렌즈보다 어두워서 렌즈의 최대 밝기를 활용한 조리개 값 개방 촬영을 할 때 배경 흐림 등에 차이가 있습니다(일반적으로 줌렌즈의 최대 밝기는 F/2.8 이상).
- 렌즈에 따라 최대 밝기가 변형되는 제한성이 있습니다.

: 단렌즈

단렌즈는 렌즈가 가지는 초점거리와 화각이 변하지 않는 고정적인 렌즈를 말합니다. 처음 사진을 접하는 초보 사진가들이 많이 구매하게 되는 50mm F/1.8 렌즈도 단렌즈군에 속합니다. 이 렌즈들은 고정 조리개와 화각을 가지고 있으므로 화각대별로 다양한 렌즈들이 존재합니다(35m F/1.8, 50mm F/1.8, 85mm F/1.8 등).

대표적인 준망원 단렌즈인 Canon EF 85mm F/1.8

사람들이 보통 인물 사진에 많이 사용하는 화각인 50mm, 85mm 화각대에는 각 카메라나 렌즈 제조사별로 조금 더 밝은 조리개 값을 가지는 고급 렌즈들이 있으며, 이 렌즈들은 높은 가격을 가지고 있어서 처음 촬영을 하는 초보자들보다는 고급 사용자들에게 권하고 싶습니다(50mm F/1.4, 50mm F/1.2, 85mm F/1.4, 85mm F/1.2 등).

단렌즈의 장점
- 고정적인 초점거리와 화각을 가지고 있어서 렌즈 자체의 무게가 대체로 가볍습니다.
- 줌렌즈에 비해 평균적으로 렌즈의 최대 밝기가 밝으며, 특정 화각에 있어서는 렌즈 최대 밝기가 다른 다양한 렌즈들이 있어서 가격대별 선택의 폭이 큽니다.
- 같은 화각대의 줌렌즈의 결과물에 비해 조리개 값이 밝기 때문에 조금 더 강한 배경 흐림을 연출할 수 있습니다.
- 렌즈에 따라 차이가 있지만, 줌렌즈의 결과물보다 조금 더 좋은 퀄리티의 결과물을 얻을 수 있습니다.

단렌즈의 단점
- 초점거리와 화각이 고정적이어서 필요한 화각에 따라 렌즈 교환을 하며 촬영해야 합니다.
- 제한적인 앵글 촬영을 할 때는 촬영자가 피사체 앞/뒤로 발로 움직여서 앵글을 잡아야 합니다.
  (포토그래퍼들끼리는 발줌을 사용한다고도 합니다.)
- 이동이 많고 다양한 화각 촬영이 필요할 경우에는 여러 개의 렌즈를 가지고 다녀야 하는 불편함이 있습니다.

용도와 예산에 맞는 카메라 고르기

우리는 앞 두 개의 섹션에서 카메라의 종류와 렌즈의 종류에 대해 공부해 보았습니다. 이제 막 사진에 입문한 사진가의 입장에서 카메라 종류 × 카메라 제조사 × 가격대 × 렌즈군의 다양성 등 수백 가지의 경우의 수 중 하나를 골라야 하는 것은 쉬운 일이 아닙니다.

여기에서는 앞에서 공부한 정보를 바탕으로 좀 더 카메라와 렌즈 선택에 도움이 될 수 있는 몇 가지 가이드를 제시해 보도록 하겠습니다.

사진가의 사용 용도에 맞는 카메라와 렌즈군 형성

카메라를 선택할 때 고려할 사항들

① 카메라와 렌즈 구입에 지출할 가용금액을 확인하고 설정해 봅니다.
   (카메라 바디 + 렌즈군 구성을 고려한 금액)
② 카메라 제조사 브랜드를 고려하여 3~4가지 모델을 선택하여 비교해 봅니다. 카메라는 제조사 브랜드별로 보급형, 중저가형, 고급형, 최고급형, 플래그쉽형 등 여러 가격대의 제품군을 형성하고 있으므로 가격대를 고려하여 선택하는 것이 좋습니다.

③ DSLR, 미러리스 … 등의 종류 중 구입할 카메라의 종류를 선택합니다.
④ 혼자서 카메라 고르기가 어렵다고 생각되는 경우에는 카메라 전문 사이트에서 본인이 좋아하는 포토그래퍼가 사용하는 카메라 기종들을 살펴보고 참고하는 것도 좋습니다.
⑤ 주변에 가까운 지인 중에서 카메라를 잘 알고 사진 촬영을 하고 있는 분들이 있다면, 지인과 같은 카메라 브랜드의 보급형 모델을 선정하여 함께 촬영을 하며 사용법을 배우고 렌즈군들을 빌려 사용하면서 자신에게 필요한 렌즈군을 결정하는 방법이 있습니다(필자도 경험한 좋은 방법 중 하나입니다).
⑥ 마음에 드는 카메라가 가격이 높은 최신 카메라일 경우 동일한 등급의 1~2년 전 모델을 선택하는 것도 좋은 방법입니다(업그레이드될 때는 ISO나 화소수 같은 몇 가지 세부 기능만 개선되는 경우가 많기 때문입니다).

알고 갑시다! 카메라를 선택할 때 화소에 대한 편견

카메라를 선택하는 초보자들은 의외로 카메라의 화소수에 집착하는 경우가 많습니다. 최신 카메라가 가지고 있는 고화소를 선택하지 않으면 본인 사진의 퀄리티가 상대적으로 떨어질 거라는 편견 때문에 본인의 예산보다 비싼 최신 카메라를 무리해서 구매하곤 합니다. 다음 몇 가지 정보를 고려해보면 일정 화소수 이상의 카메라면 대부분의 사진들을 인화하는 데 충분하다는 것을 알 수 있습니다.

- 쇼핑몰이나 SNS에 사용되는 사진들의 픽셀은 보통 장폭 기준 1,000픽셀 내외입니다.
- 일반적으로 인화하는 4×6, 5×7 사이즈는 120만 화소 내외로 인화가 가능합니다.
- 2016년 이후 출시된 대부분의 DSLR과 미러리스 카메라는 2천만 이상의 화소수를 가지고 있으며, 인화 규격 장폭으로 60cm 정도 되는 크기의 사진을 인화할 수 있습니다.
- 전문 포토그래퍼들도 사진 전시나 광고용 대형 포스터 출력을 제외하고는 A2 규격 이상을 인화하는 경우는 많지 않습니다.
- 일반적인 사진 촬영이나 쇼핑몰 촬영에 필요한 화소수는 1천만 화소 이상이면 무난하게 사용할 수 있습니다.

사진규격별 권장 해상도와 화소수

인화규격	크기(cm)	권장 해상도(px:픽셀)	권장 화소수
4 × 6	10.2 × 15.1	1024 × 768	786,432
5 × 7	12.7 × 17.7	1280 × 960	1,228,800
A4	21 × 29.7	1754 × 1240	2,174,960
A3	30.5 × 42	3307 × 2400	7,936,800
16 × 24(A2)	40.6 × 61	3200 × 4800	15,360,000
20 × 30	50.8 × 66	4000 × 6000	24,000,000
24 × 32(A1)	61 × 81.3	4800 × 6400	30,720,000
30 × 40	76.2 × 101.6	6000 × 8000	48,000,000
30 × 45	76.2 × 114.3	6000 × 9000	54,000,000
40 × 60	101.6 × 152.4	8000 × 12000	96,000,000
44 × 62	111.7 × 157.5	8800 × 12400	109,120,000

합리적인 중고 카메라 구매하기

① 카메라 & 사진 전문 사이트의 장터 게시판을 통한 직거래
② G마켓, 옥션, 중고나라 등 대형 쇼핑몰에서 운영하는 중고 거래 사이트를 통한 구매
③ 카메라 전문 샵에서 운영하는 중고 카메라 사이트를 통한 구매
④ 오프라인 전문 카메라 샵을 통해 중고 카메라 구매

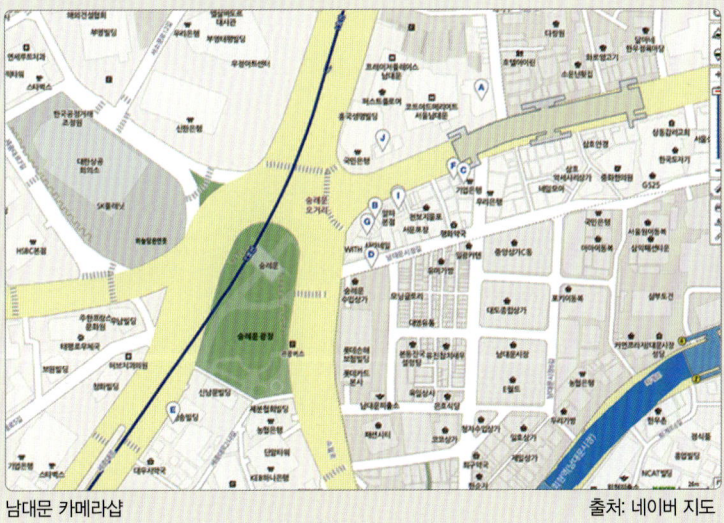

남대문 카메라샵   출처: 네이버 지도

CHAPTER

02

YOU ARE A REASON TO smile

기본 촬영

Section 01 나의 카메라 기본 기능 다루기
Section 02 노출이란?
Section 03 조리개와 셔터스피드의 관계
Section 04 ISO란 무엇인가?
Section 05 촬영 모드의 이해
Section 06 화이트 밸런스의 이해
Section 07 구도와 여백

처음 카메라를 구입하고 박스를 개봉하면 세상의 모든 것들을 다 담을 수 있을 듯한 뿌듯함과 자신감에 꽉 차서는 카메라를 이리저리 만져보기 시작합니다. 복잡해 보이는 매뉴얼은 잠시 제쳐두고 셔터를 마구 눌러댑니다. 촬영 모드 다이얼이나 노출, 조리개, 셔터스피드 등의 촬영 조건조차 이해하지 않은 상태에서 무작정 이것저것 조건을 바꾸어가며 촬영하는 데에 여념이 없습니다. '사진이 뭐 별건가? 좋은 카메라와 감각만 있으면 되지'라는 마음으로 행복한 며칠을 보냅니다.

'어? 그런데 뭔가 이상하다.'

그런 날이 며칠 지나면서 초보 사진가들은 몇 가지 의문사항과 문제점을 맞이하게 됩니다. 지금 자신이 가진 힘으로는 해결하기 힘든 것들 말이죠. 이 시점이 바로 카메라에 대한 기계적인 이해와 사진 촬영에 대한 기초적인 지식이 필요하다고 느끼는 순간입니다.

초보 사진가들이 만나는 의문점들은 보통 다음과 같습니다.

- 왜 이렇게 어둡게 찍혔지?
- 왜 이렇게 밝게 찍혔지?
- 왜 이렇게 초점이 엉뚱한 곳에 맞춰져 있지?
- 왜 이렇게 죄다 흔들려 있지?
- 왜 이렇게 눈으로 본 것이랑 다른 색감으로 찍혔지?

들뜬 기분으로 사진을 담던 초보 사진가의 즐거움은 이러한 질문들과 만나게 되면서 점점 줄어듭니다. 위에서 설명한 다섯 가지 의문들은 사진을 찍을 때 기본적으로 고려해야 할 촬영 조건과도 밀접한 관련이 있습니다. 이러한 의문점을 해결하기 위해서는 카메라 조건 설정에 대한 가장 기본적인 정보부터 익혀야 합니다.

이번 장에서는 촬영자가 실제 카메라를 손에 들고 촬영을 하기 위해 반드시 필요한 사진 기본 이론들과 기계적인 정보에 대해 이해해 보도록 하겠습니다.

나의 카메라 기본 기능 다루기

카메라를 잘 다루기 위해서는 가장 먼저 카메라 제조사에서 제공하는 매뉴얼을 꼼꼼히 읽어 보아야 합니다. 아무리 인터넷 검색이나 동호회 출사를 통해서 사진의 기초를 익힌다 하더라도, 자신이 가지고 있는 카메라의 기능과 조작 매뉴얼에 대한 이해가 없다면 배움이 더딜 수밖에 없습니다.

자동차를 운전할 때에도 차량 내부의 버튼이나 기어 핸들의 조작법이나 각 기능 버튼이 작동하는 내용을 모른다면 운전을 할 수가 없듯이 사진가 자신이 보유한 카메라 기종에 관련된 기본적인 기계적 이해와 작동 매뉴얼의 숙지 없이는 자신의 의지대로 조건을 설정하여 좋은 사진을 담을 수가 없게 됩니다.

촬영 조건을 설정하는 버튼과 다이얼 등은 카메라의 전문성과 크기에 따라(DSLR > 미러리스 > 컴팩트 카메라 > 스마트폰) 카메라 외부에 위치하고 있습니다.

전문가용 카메라일수록 대부분의 조작 버튼이 카메라 그립을 잡은 상태에서 손가락이 닿는 부분에 있기 때문에, 사진에 필요한 각각의 조건들을 언제든 직관적으로 빠르게 조절할 수 있습니다.

처음 전문가용 카메라를 사용하는 초보 사진가들에게는 이러한 복잡한 버튼이 오히려 더욱 이해하기 어렵게 느껴질 수 있겠지만, 버튼 하나하나의 효과와 기능에 대해서는 따로 시간을 내어 꼼꼼히 익히고 숙지할 필요가 있습니다.

 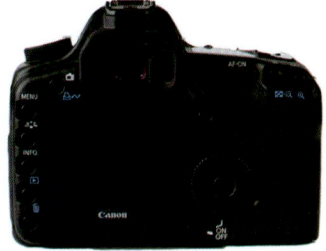 

DSLR 전면, 후면, 상단에서 보이는 조작 버튼

필름 카메라 시절에는 촬영에 대한 경험치와 조건들의 데이터를 얻기 위해 매번 필름을 교환할 때나 중요한 촬영의 촬영 조건들을 꼼꼼하게 기록해야만 했습니다. 디지털 카메라는 이러한 과정들을 거의 모두 자동으로 파일에 담아줍니다.

> ① 촬영 당시의 메타 정보들이 데이터화되어 사진 파일에 기록됩니다.
> ② DSLR은 촬영한 사진을 액정으로 확인하고 시행착오를 곧바로 수정할 수 있습니다.
> ③ 미러리스나 스마트폰 카메라는 액정을 통해 결과물을 미리 보면서 촬영할 수 있습니다.

설정에 따라 사진이 어떤 식으로 찍히는지 파악할 수 있으므로 촬영 당시의 날짜/시간/사용한 화각/ISO/조리개 값/셔터스피드/노출/히스토그램 등이 담긴 사진 파일은, 촬영의 시행착오를 반복하는 과정에서 초보 사진가들에게는 훌륭한 교과서가 됩니다.

또한 촬영한 사진을 곧바로 LCD 화면으로 확인하고 본인이 만족할 만한 결과물이 나올 때까지 설정을 바꿔가며 반복해서 찍게 되면 사진 촬영에 대해 빨리 배울 수 있습니다.

> **TIP 촬영할 때 LCD를 통해 확인해야 할 것**
> - **밝기** : 사진이 너무 밝게, 또는 어둡게 나오지 않았나요?
> - **초점** : 원하는 곳에 적절하게 맞았나요?
> - **노출** : 사진의 노출은 적절한 히스토그램을 가지고 있나요?
> - **셔터스피드** : 적절한 셔터스피드를 확보하지 못해서 사진이 흔들리지는 않았나요?

노출이란?

노출값은 사진 한 장을 담는 데 필요한 빛의 양이라고 할 수 있습니다. 따라서 노출이 너무 많으면 사진 안에 담긴 빛의 양이 많아서 사진 결과물이 하얗게 날아가 버리게 되고, 반대로 노출이 너무 적으면 사진 안에 담긴 빛의 양이 부족하기 때문에 사진 결과물이 어둡게 되어 버립니다.

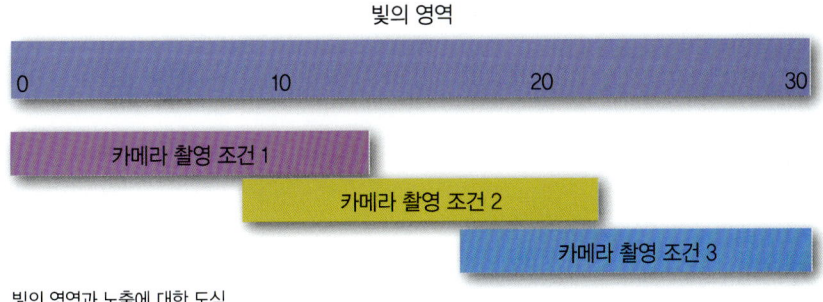

빛의 영역과 노출에 대한 도식

위의 도식에서처럼 30cm 막대자가 있다고 가정해봅니다.

막대자의 눈금 0에서 30cm는 실제 우리 생활주변에서 눈으로 볼 수 있는 빛의 밝고 어두운 범위라고 정의해 둡니다. 그리고 여기 또 하나의 10cm 막대자가 있습니다. 이 10cm 막대자는 우리가 카메라를 통해서 담는 사진에 담을 수 있는 빛의 범위라고 해 두겠습니다.

즉, 사진을 촬영할 때 사진가는 노출을 고려하며 30cm 빛의 영역 중 어느 곳에 노출을 설정하여 10cm 범위의 카메라로 표현할지 정해야 합니다. 무작정 셔터를 누르는 것이 아니라, 촬영 전에 원하는 정도의 빛의 영역대를 선택하여 노출값을 조정해야 합니다.

일반적으로 노출은 카메라 설정 조건에 따라 광량이 부족한 노출 부족(Low Key)과 광량이 과도하게 많은 노출 과다(High Key) 사진, 그리고 광량이 적당한 적정 노출 사진으로 나눕니다. 위의 세 가지 개념을 알기 위하여 예를 들어보도록 하겠습니다.

노출이 어둡게 촬영된 사진 (카메라 촬영 조건 ①)	적정 노출로 촬영된 사진 (카메라 촬영 조건 ②)	노출이 밝게 촬영된 사진 (카메라 촬영 조건 ③)
그늘 부분의 머리카락 디테일이 블랙으로 표현되어 없어진 사진	밝은 부분과 어두운 부분의 디테일이 고르게 나타난 사진	빛을 받은 인물의 얼굴과 옷 부분이 밝은 노출로 화이트로 표현되어 날아간 사진

노출 부족   적정 노출   노출 오버

TIP 촬영자가 노출 조건을 설정하고 촬영하는 데까지 거치는 단계

야외 촬영 환경(날씨, 시간, 빛)에 대한 이해 → 구도와 시선에 대한 결정 → ISO 설정 → 조리개 값과 셔터스피드 값 설정 → 촬영 후 결과물 확인

사진을 촬영할 때 고려해야 할 노출은 사실상 절대적인 조건 세팅 공식이나 법칙이 존재하지 않습니다. 이러한 이유 때문에 사진가가 설정해야 할 촬영 조건 중 가장 오랜 시간의 경험치와 연습이 필요한 부분이기도 합니다.

예전 필름 카메라나 DSLR 카메라로 촬영을 할 때는 이런 노출에 대한 부분들이 초보 촬영자들에게 가장 공부하기 부담되는 이론이었으나, 최근 쇼핑몰 촬영에 많이 이용되고 있는 스마트폰이나 미러리스 카메라에서는 액정을 통해 결과물의 노출을 직관하며 촬영할 수 있기 때문에 좀 더 편리한 조건에서 촬영을 할 수 있습니다.

조리개와 셔터스피드의 관계

한 장의 사진이 만들어지기 위해서는 일정량의 빛이 일정한 시간동안 필름이나 이미지 센서에 노출이 되어야 합니다. 조리개와 셔터스피드는 그런 빛의 양을 조절해주는 역할을 합니다.

- 조리개 값 : 렌즈를 통하여 들어오는 빛의 양을 조절합니다.
- 셔터스피드 : 렌즈를 통하여 들어온 빛이 이미지 센서나 필름에 노출되는 시간을 조절합니다.

|01| 프라이팬에 스테이크 굽기와 조리개 값, 셔터스피드의 상관관계

조리개와 셔터스피드의 관계 설명을 위하여 프라이팬에 스테이크를 굽는 경우를 예로 들어 비교해 보겠습니다.

사진 촬영 조건	요리	
조리개 값	불문 조절(불의 세기)	F/1.4, F/2, F/2.8, F/4, F/5.6, F/8, F/11, F/16, F/22
셔터스피드	불 위에서의 요리 시간	1/4000, 1/2000, 1/1000, 1/500, 1/250, 1/125, 1/60, 1/30, 1/15, 1, 4, 15

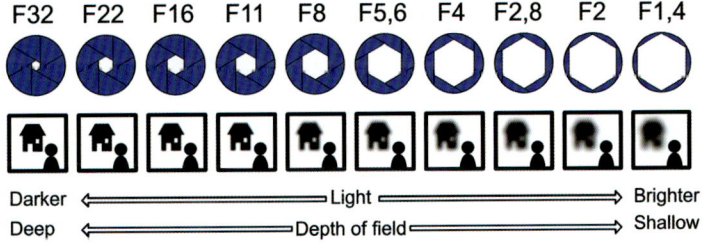

조리개 값에 따른 밝기와 심도의 관계

조리개 값은 그 숫자가 낮을수록 조리개를 더 크게 열어 빛이 들어오는 양이 많아지고, 조리개 값의 숫자가 클수록 조리개를 작게 조여서 빛이 들어오는 양이 적어지게 됩니다. 이에 따라 동일한 빛의 조건하에서는 조리개를 개방하면 짧은 시간 안에 충분한 빛을 모을 수 있기 때문에 셔터스피드가 빨라집니다. 그리고 조리개를 조이면 빛을 모으는 데에 시간이 걸리기 때문에 셔터스피드가 느려지게 됩니다. (조리개와 셔터스피드는 동일한 빛의 조건하에서는 반비례 관계입니다.)

조리개를 개방해서 촬영한 사진은 심도가 얕은 사진이 되고, 조리개를 개방한 사진은 심도가 깊은 사진이 됩니다.

스테이크를 구울 때에도 불문을 열어 불의 세기를 세게 하면 짧은 시간 안에 스테이크가 금방 익게 되고, 불문을 좁혀서 불의 양을 줄이면 스테이크가 오랜 시간 동안 서서히 익게 됩니다. 센 불에 금방 구워낸 스테이크는 겉은 바짝 익고 속은 미디엄이나 레어 상태가 되고, 약한 불에 천천히 구워내면 속까지 골고루 익은 스테이크가 됩니다.

아래 두 장의 사진(A, B)을 통해 조리개/셔터스피드와 결과물의 관계를 살펴보도록 하겠습니다.

다음의 사진(A)은 렌즈의 조리개를 개방하여 짧은 시간에 많은 광량을 카메라 센서에 노출시켜서 빠른 셔터스피드와 인물 뒤쪽의 배경이 뭉개져 보이는 얕은 심도를 표현한 사진입니다.

A. 렌즈의 조리개를 개방하여 촬영

불의 세기	요리 시간	요리의 상태
조리개 값	셔터스피드	사진 결과물의 상태
불문을 개방	요리 시간 짧음	- 강한 불에 짧은 시간동안 요리 - 고기의 겉은 익고 안쪽은 덜 익은 미디엄 스테이크
조리개 개방	셔터스피드 빠름	개방된 조리개에서 오는 많은 양의 빛으로 짧은 시간 조리개를 개방하여 심도가 얕게 나오는 사진

다음의 사진(B)은 조리개를 조여서 센서에 노출되는 빛의 양을 줄여서 촬영한 사진으로 상대적으로 느린 셔터스피드와 인물 뒤쪽의 배경 디테일이 어느 정도 표현된 깊은 심도를 가진 사진입니다.

B. 렌즈의 조리개를 조여서 촬영

불의 세기	요리 시간	요리의 상태
조리개 값	셔터스피드	사진 결과물의 상태
불문을 작게 조절	요리 시간 길다	약한 불에 장시간 요리하여 속까지 고르게 익은 웰던 스테이크
조리개를 조임	셔터스피드 느림	조리개를 조이고 상대적으로 줄어든 셔터스피드에 장기간 노출된 심도가 깊은 사진

위에서 예로 든 두 장의 사진은 같은 장소에서 같은 시간에 촬영한 사진으로, 광량과 빛의 방향, ISO 설정은 별다른 차이가 없는 조건이었습니다. 동일한 촬영 조건에서는 조리개 값을 높여주면 상대적으로 셔터스피드는 줄어들게 됩니다.

	조리개 개방	조리개 조임
조리개 값	F/1.8	F/7.1
셔터스피드	1/2000	1/125
ISO	640	640
사진의 심도	심도가 얕고 배경 흐림이 많음	심도가 깊고 배경 흐림이 적음

포토그래퍼가 촬영할 때 결정해야 할 촬영 조건

- 구도를 감안하여 앵글을 결정한다.
- 광량에 따른 ISO값을 설정한다.
- 표현하고자 하는 심도를 감안하여 조리개 값과 충분한 셔터스피드를 설정한다.
- 조리개 값과 셔터스피드 설정 후 노출을 고려하여 ISO-조리개 값-셔터스피드를 재조정한다.

|02| 촬영 조건 - 셔터스피드와 결과물의 관계

촬영자의 의도에 따라 일부러 흔들린 사진을 연출할 경우를 제외하고, 촬영자는 렌즈의 화각, 피사체가 정지하거나 움직이는 상태 여부 등을 고려하여 흔들리는 결과물이 촬영되지 않도록 충분한 셔터스피드를 확보해야 합니다.

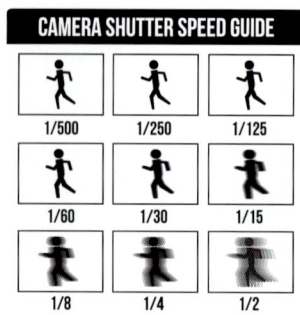

셔터스피드와 결과물의 관계

다음의 사진은 조리개 값을 F/7.1로 고정한 상태에서 멈추어 있는 근경과 원경을 표현하기 위하여 한낮의 밝은 조건에 ISO를 200으로 조정하여 1/800의 빠른 셔터스피드를 도출하였습니다.

움직이는 피사체를 빠른 셔터스피드로 촬영한 사진

다음의 사진도 조리개 값을 F/7.1로 고정하고 흔들린 전경과 원경을 가진 패닝샷을 연출하기 위해 ISO를 낮추고 셔터스피드를 느리게 하여 촬영한 사진입니다. 이렇듯 ISO는 동일한 촬영 조건에서 센서에 들어오는 빛의 양을 늘려주어 촬영에 필요한 적절한 셔터스피드를 확보하도록 해줍니다.

Lens 24-70mm F/2.8, 1/125초, F/7.1, ISO 50

▲ 움직이는 피사체를 느린 셔터스피드로 촬영한 사진

ISO란 무엇인가?

ISO는 International Standard Organization의 약자로, 사진을 촬영할 때 당일의 날씨나 촬영 장소의 빛의 상태에 따라 필름을 선택하거나, 디지털 카메라의 이미지 센서의 감도를 조정할 때 사용하는 빛에 대한 민감도를 숫자로 나타낸 것입니다.

필름 카메라에서는 감도에 따라 필름 포장이나 외관에 100, 200, 400 등의 숫자로 표현하여 그 감도차를 나타내고 있으며, 디지털 카메라에서는 카메라의 설정에서 센서의 감도를 조절하여 사용할 수 있습니다.

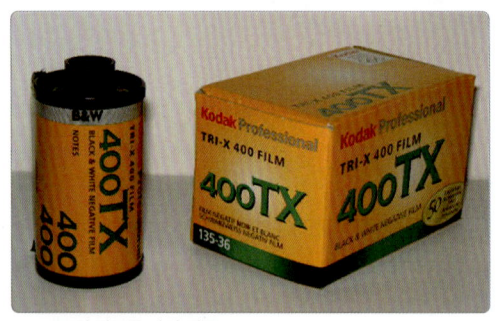

ISO 400의 감도를 가진 필름

최근 10년간 디지털 카메라의 기능 중 가장 눈부신 발전을 한 부분이 이미지 센서의 세대 교체에 의한 고감도 저노이즈를 가진 ISO라고 해도 과언이 아닐 정도로 ISO는 사진 촬영에 있어서 중요한 부분입니다.

ISO 설정도 다른 촬영 조건들과 마찬가지로 주변 환경에 맞는 적절한 설정이 필요합니다. 너무 감도를 낮게 설정하면 빛을 감지하는 양이 줄어들어 어두운 사진이 되거나 충분한 셔터스피드를 확보하지 못해서 흔들린 사진이 되기 쉽습니다.

또한 필요 이상으로 너무 감도를 높게 설정하면 빛의 양이 많아져서 노출 과다가 되거나, 사진 촬영에 불필요한 잡광까지 모두 센서에 감지되기 때문에 노이즈가 많은 사진이 됩니다.

ISO를 설정할 때 촬영자는 환경에 따라 달라지는 광량을 이해하고 조건을 설정해야 합니다.

카메라의 촬영 감도	디지털 촬영에서 일반적으로 사용하는 ISO 설정
저감도 촬영 조건 ISO 50~400	• 맑은 날 대낮의 야외 촬영 등 빛 자체가 풍부한 조건 • 풍부한 색과 쨍한 느낌의 흔들리지 않는 사진 촬영이 가능 • ISO 400 이하로도 충분한 셔터스피드를 확보
중간 감도 촬영 조건 ISO 400~1600	• 구름이 낀 흐린 날 또는 비오는 날의 야외 등의 자연광 촬영 조건 • 창문이 있는 카페나 실내, 자연광이 들어오는 스튜디오 촬영 조건 • 대낮의 야외에서 결과물의 디테일을 얻기 위해 조리개를 조이거나, 빠른 셔터스피드가 필요한 촬영 조건
고감도 촬영 조건 ISO 1600 이상	• 어두운 실내의 촬영으로 절대적인 광량이 모자라서 최소한의 셔터스피드 확보가 필요한 조건 (높은 ISO 조건을 설정할 때는 항상 노이즈를 염두하여 촬영해야 합니다.)

TIP ISO는 카메라가 가진 이미지 센서의 크기가 클수록, 최신 세대의 이미지 센서를 사용할수록 더 좋은 성능을 가지게 됩니다.

|01| ISO 설정에 따른 노이즈 결과물

빛의 광량이 많은 대낮의 촬영 조건에서는 저감도 설정에서도 충분한 광량과 셔터스피드를 확보할 수 있습니다(카메라의 종류에 따라 ISO 100 이하의 저감도 설정도 가능합니다).

광량이 많은 대낮의 촬영한 사진

비가 내리거나 흐린 날씨의 야외, 빛이 드는 실내의 촬영 조건은 상대적으로 빛의 광량이 적습니다. 광량이 적은 환경에서 촬영에 필요한 광량과 셔터스피드를 확보하기 위해 ISO를 높여주는 설정이 필요합니다.

비오는 날 낮 시간대 촬영한 사진

흐린 날 실외에서 촬영한 사진

광량이 부족한 야간의 촬영에서는 별도의 조명을 사용하거나 촬영 환경 속에서 광량을 확보하여 촬영해야 합니다. 아래 사진의 설정처럼 ISO 12800 수준의 고감도 촬영에서는 노이즈가 생기는 것에 주의하며 촬영을 해야 합니다.

저녁 시간 가로등 조명에서 촬영한 사진

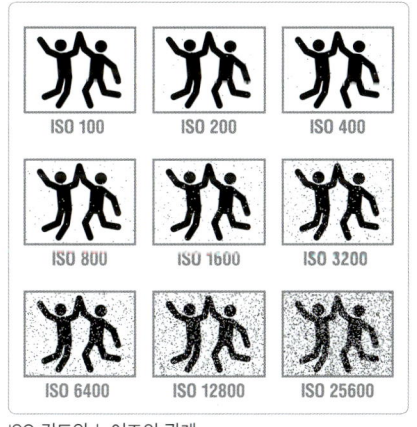

ISO 감도와 노이즈의 관계

촬영 모드의 이해

전문가용 카메라에 있는 다양한 촬영 모드는 촬영의 특성에 따라 촬영자가 조금 더 편리하게 촬영 조건을 조작할 수 있도록 해줍니다. 카메라 제조사마다 명칭은 조금씩 다르지만 필요한 순간 손쉽게 카메라 설정을 바꿀 수 있도록 다이얼의 형태로 카메라 상단에 위치해 있습니다.

▲ 카메라의 촬영 모드

우선 각각의 촬영 모드가 가지는 특징을 표로 정리해 보았습니다.

촬영 모드	표기	수동으로 조절하는 것	자동으로 조절되는 것
자동 모드	AUTO	없음	조리개, 셔터스피드, 노출, ISO
프로그램 모드	P	ISO	조리개, 셔터스피드, 노출
조리개 우선 모드	A, Av	ISO, 조리개, 노출	셔터스피드
셔터스피드 우선 모드	T, Tv	ISO, 셔터스피드, 노출	조리개
매뉴얼 모드	M	ISO, 조리개, 셔터스피드	노출

① **자동 모드(AUTO)** : 모든 촬영 조건이 자동으로 설정되는 모드로 대부분의 상황에서 무난한 결과물을 얻게 해주기 때문에 처음 사진을 시작하는 초보 사진가들이 주로 사용하게 됩니다.

② **프로그램 모드(P)** : 프로그램 모드는 반셔터를 눌러야 측광 및 노출을 설정하는 조리개 우선 모드나 셔터스피드 우선 모드와는 달리, 노출을 실시간으로 측광하여 조리개와 셔터스피드를 자동으로 설정하고 ISO를 수동으로 설정하므로 ISO 우선 모드라고 해도 과언이 아닙니다.

③ **조리개 우선 모드(A, Av)** : 조리개 우선 모드는 피사체와 배경의 심도를 촬영자의 의도에 맞게 표현하기 위해서 조리개 값과 노출을 의도에 맞게 설정하고 그에 따라 셔터스피드가 자동으로 설정되는 모드로 심도를 중요시하는 촬영에 주로 사용합니다.

④ **셔터스피드 우선 모드(T, Tv)** : 셔터스피드 우선 모드는 셔터스피드와 노출값을 수동으로 설정하면 조리개 값이 자동으로 설정되어 주로 움직이는 피사체를 촬영하는 데 사용되는 모드입니다.

⑤ **매뉴얼 모드(M)** : 매뉴얼 모드는 조리개와 셔터스피드를 수동으로 설정하면 노출값이 그에 따라 자동으로 설정되는 모드입니다. 이 모드는 피사체의 속도나 심도 모두 촬영자 의도대로 조절하여 표현할 수 있기 때문에 일반적인 쇼핑몰 촬영에 가장 많이 사용됩니다.

화이트 밸런스의 이해

|01| 광원의 색온도

빛은 광원의 영역에 따라 색온도가 달라집니다. 우리가 가장 쉽게 접하는 태양광도 시간대에 따라 색온도가 달라집니다. 이른 아침의 빛은 색온도가 높은 푸른색을 띄고 해가 저무는 오후 즈음에는 색온도가 낮은 붉은색을 띄게 됩니다.

이러한 서로 다른 광원의 색온도는 KALVIN(K)값이라는 단위로 나타냅니다. 색온도가 낮은 붉은색의 영역대는 K값이 낮고, 색온도가 높은 푸른색의 영역대는 K값이 높습니다. 이렇게 광원이 가지는 색온도에 따라 카메라에 담기는 피사체는 본래의 색과는 조금 다른 색으로 표현됩니다.

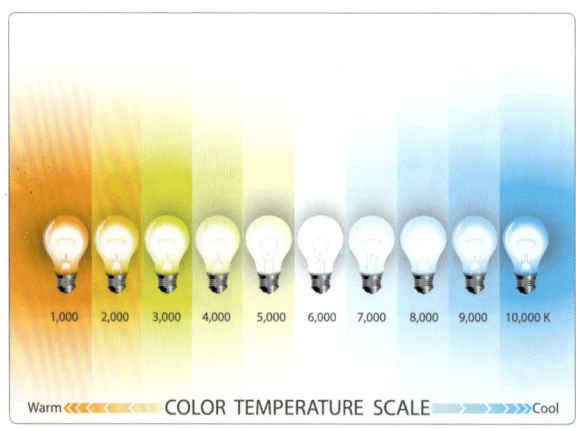

광원과 색온도

사람의 눈은 광원의 색온도 변화에 맞춰 자동으로 흰색을 인식하는 능력이 있습니다. 카메라는 이러한 자동 인지 능력이 없으므로 광원이 바뀔 때마다 화이트 밸런스를 조절하여 카메라에 흰색을 인식시켜 주어야 합니다.

정확한 제품의 색상을 전달해야 하는 상업용 촬영이나 한 가지 이상의 서로 다른 광원이 존재하는 촬영 환경에서 대량의 사진을 담아야 하는 상황에서는 화이트 밸런스를 미리 세팅하여 촬영하는 것이 좋습니다.

아래의 표에는 일반적으로 카메라 내부에 내장되어 있는 화이트 밸런스 모드를 고유의 켈빈값 수치와 함께 나타내 보았습니다.

화이트 밸런스 모드	켈빈값	내용
자동 화이트 밸런스 모드(AWB)	자동 약 3000K~7000K	Auto White Balance의 약자로, 주변 환경에 맞게 색온도를 적절히 조절해 주는 모드
텅스텐광(Tungsten)	약 3200K	텅스텐 조명 하에서 촬영할 때 설정
백색 형광등(Fluorescent)	약 4200K	형광등이 있는 실내에서 주로 사용
주광 모드(Daylight)	약 5200K	맑은 날의 한낮 시간대에 주로 사용
플래시 모드(Flash)	약 5400K	플래시를 사용할 때 푸른 느낌의 광원에서 사용
구름 모드(Cloudy)	약 6000K	흐린 날의 야외에서 주로 사용
그늘 모드(Shade)	약 8000K	그늘에서 주로 사용
커스텀 모드(Custom)	수동 설정	수동으로 색온도를 설정할 때 사용

각각의 화이트 밸런스 모드는 고유의 켈빈값을 가지고 있기 때문에 광원의 색온도에 따른 화이트 밸런스 모드와 켈빈값에 대한 숙지를 해 두면 조건이 바뀔 때마다 적절하게 세팅하여 사용할 수 있습니다.

저녁 시간 백열등 조명에서 촬영한 사진

Lens 85mm F/1.8, 1/400초, F/2.8, ISO 100

늦은 오후 순광에 촬영한 사진

> **TIP** 화이트 밸런스를 사용하는 방법
>
> ① 카메라에 내장된 여러 가지 화이트 밸런스 중 적절한 모드를 선택하여 세팅하는 방법
> ② 커스텀 화이트 밸런스를 선택하고 그레이카드나 화이트 밸런스용 필터를 사용하여 세팅하는 방법
> ③ 색온도 설정 'K'(켈빈값)를 사용하여 직접 색온도를 지정하고 촬영하는 방법
> ④ AWB(오토 화이트 밸런스) 모드를 사용해 RAW 파일로 촬영하고 후보정으로 조정하는 방법

광원의 색온도가 일관적으로 유지되는 스튜디오 촬영이나 한 종류의 조명을 가지는 실내 촬영의 경우에는 한 번의 화이트 밸런스 세팅으로 촬영을 마칠 수 있지만 시간에 따라 색온도가 바뀌고, 수시로 태양을 가리는 구름, 그림자 등의 조건을 고려해야 하는 야외 촬영에서는 색온도가 수시로 바뀌게 됩니다.

특히 한 번에 1,000장~2,000장 이상을 촬영해야 하는 쇼핑몰 촬영에서는 일일이 화이트 밸런스를 세팅하며 진행하는 것이 쉽지 않습니다. 이런 경우에는 화이트 밸런스를 AWB(Auto White Balance)로 설정하고 RAW 파일 촬영을 한 후 Camera Raw나 Lightroom을 사용하여 조정하는 방법이 있습니다(RAW 파일 촬영은 파일 용량이 크기 때문에 충분한 메모리카드 용량이나 외장하드 등이 필요합니다).

TIP 화이트 밸런스 적절하게 맞추기

사진의 포맷을 JPG로 설정하여 촬영을 하면, 후보정 과정에서 일일이 화이트 밸런스를 맞춰야 합니다. 사진마다 일일이 조정을 하는 것도 번거로울 뿐 아니라 화이트 밸런스를 맞추는 동안 데이터의 손실이 있을 수 있기 때문에 JPG로 촬영할 때는 반드시 화이트 밸런스를 맞추어 찍는 습관을 들이도록 합니다.

RAW 파일로 촬영하면 Camera Raw나, Lightroom 프로그램을 사용하여 스포이드 기능 또는 색온도 바를 조절하여 데이터의 손실 없이 비교적 쉽게 화이트 밸런스를 맞출 수 있으며, 특히 같은 색온도나 광원에서 촬영한 사진들을 모아서 한번에 색온도 조절을 할 수 있기 때문에 더욱 사용하기 편리합니다.

알고 갑시다! RAW 파일 촬영 후 후보정으로 화이트 밸런스를 조절하는 방법

① White Balance Tool 🖌 T : 스포이드 모양의 툴을 사용하여 사진 내에 흰색을 지정하여 화이트 밸런스를 맞추는 방법
② White Balance 모드 설정 : 텅스텐 모드, 주광 모드, 그늘 모드 등을 선택하는 방법
③ Temperature / Tint 슬라이드 조정 : 색온도와 틴트 슬라이드를 조정하여 설정하는 방법

위의 세 가지 방법을 사용하여 대표 사진 한 장의 화이트 밸런스를 설정하고 동일한 조명 조건에서 촬영한 사진들을 함께 불러와서 한 번에 여러 장의 사진을 세팅할 수 있습니다.

Lens 50mm F/1.8, 1/160초, F/1.8, ISO 1250

RAW 파일 설정 후 AUTO 화이트 밸런스를 사용하여 실내에서 촬영한 사진

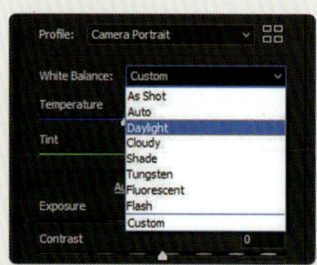

White Balance 모드 설정

프로그램을 사용하여 화이트 밸런스를 조정한 사진

구도와 여백

일반적으로 사진 촬영의 황금 구도는 사진의 앵글을 가로와 세로로 3분할하여 촬영하는 것을 말합니다. 사진 상의 가로 세로 2개의 라인으로 화면을 9개의 사각형으로 나누면 구도의 가상선이 만나는 4개의 교차점이 생깁니다. 이러한 4개의 교차점에 메인으로 촬영하고 싶은 주제가 되는 사물이나 피사체를 위치하면 황금 분할의 구도를 담아내는 데에 많은 도움이 됩니다.

▲ 기본 구도로 촬영한 인물 사진

쇼핑몰 촬영을 할 때는 상황에 따라 모델 또는 피사체를 정중앙에 두고 촬영하는 경우가 많습니다.

Lens 85mm F/1.8, 1/500초, F/3.5, ISO 800

인물을 중앙에 배치하여 촬영한 사진

> **알고 갑시다!** **인물 촬영의 구도를 설정할 때 고려사항**
>
> ① 사진 촬영의 가로와 세로 앵글이 인물의 목, 팔, 허리, 무릎 등의 관절을 자르지 않도록 합니다.
>   - 무릎이나 발목 관절을 피해 허벅지나 정강이에서 앵글 라인을 잡도록 합니다.
>   - 상체를 촬영할 때는 허리 라인을 피해 명치나 골반에서 앵글 라인을 잡도록 합니다.
>   - 얼굴 클로즈업 촬영을 할 때는 목을 피하고 약간의 어깨선이 나오는 지점에서 앵글 라인을 잡도록 합니다.
> ② 인물의 배경에 있을 수 있는 선이 인물 머리의 중앙을 지나가거나 관절을 지나가지 않도록 주의하여 촬영합니다.
> ③ 일반적으로 인물의 시선이 바라보는 방향 쪽으로는 여백을 두는 것이 좋습니다.
>   (촬영자의 의도에 따라 시선의 반대편에 여백을 두는 경우도 있습니다.)

쇼핑몰 촬영은 포토그래퍼가 하루에 1,000장~3,000장 이상의 많은 양의 사진을 촬영하게 됩니다. 물론 전문 쇼핑몰 포토그래퍼는 기본적으로 기본 구도와 앵글을 맞추어 촬영하지만 모든 사진에 대해 완벽하게 구도를 맞추어 찍기는 쉽지 않습니다.

이러한 경우에는 기본 구도와 앵글을 촬영자의 기존 의도보다 조금 더 넓게 촬영하면 살짝 틀어진 수평이나 수직 또는 구도상 맞지 않는 부분들을 후보정할 때에 바로 잡고 크롭을 할 수 있습니다.

특히나 쇼핑몰 촬영은 촬영자뿐만 아니라 촬영한 결과물을 편집하는 담당자가 따로 있기 때문에 차후 리터칭을 고려하여 원본을 촬영할 때 약간의 여백을 두고 촬영하면 재촬영이 어려운 중요한 사진들을 살려낼 수 있게 됩니다.

원본 촬영 시 후보정-크롭을 감안하여 여백을 두고 촬영한 사진

Lens 85mm F/1.8, 1/640초, F/3.2, ISO 400

구도에 맞게 크롭한 사진

CHAPTER

03

YOU ARE A REASON TO smile

나의 쇼핑몰 촬영 방향

Section 01 쇼핑몰의 컨셉과 포지셔닝
Section 02 의류 쇼핑몰 사진 스타일별 유형 분석
Section 03 나의 촬영 방향 설정

쇼핑몰의 컨셉과 포지셔닝

|01| 나의 판매 아이템

오랜 시간 프리랜서 포토그래퍼로 쇼핑몰 촬영을 하다 보니 여러 사장님들을 만나게 됩니다. 스타일리스트 출신 사장님, MD 출신 사장님, 의상 디자이너 출신 사장님 등 인터넷 쇼핑몰과 관련이 있는 분야에 종사했던 분들이 많았습니다. 특히 직접적으로 쇼핑몰 판매에 관련이 있는 종사 분야인 의류 도매와 의류 생산 공장을 운영하는 분들도 있습니다. 이 분들은 아이템 선정이 그리 어렵지는 않습니다. 왜냐하면 자신의 공장 또는 매장에서 판매되는 제품이 있기에 그리고 그 제품들의 판매 통계가 나와 있기 때문입니다. 그리고 도매/공장 사장님들은 자사가 제작한 아이템들을 중간 도매 또는 소매점들이 꾸준히 구매하며, 성장하는 모습들을 보게 되어 이런 생각에 이릅니다.

"우리가 만드는 아이템이 계속 나가는 걸 보니 내가 직접 소비자에게 팔아야겠는걸!?' 하구요. 아니면 "나는 원하는 디자인을 다 할 수 있어 수많은 고객들에게 그들이 원하는 제품을 직접 제작하여 파는 거야!"

그래서 생산 또는 도매업을 한 분들이 온라인 쇼핑몰을 창업할 경우 핵심 아이템 선정이 쉽고 나름의 상품별 매출 통계가 나와 있어서 벤치마킹을 위한 경쟁사 선정이 유리합니다.

이렇게 생산자나 도매업체의 경우는 메인 아이템 선정이 유리하지만, 온라인 창업에 관심을 갖기 시작했거나, 이제 막 창업한 초보 사장님들의 경우에는 메인 아이템 선정이 막막할 수 있습니다. 그래서 다수의 사장님들은 본인이 좋아하는 스타일이나, 창업하기 유리하다는 판단하에 저가 위주 제품들을 판매하는 쇼핑몰로 출발하게 되는 경우들도 많이 보게 됩니다.

여기서 많은 사장님들이 난관에 부딪히게 됩니다. 여유롭지 않은 사업 자금 때문에 저가의 아이템 또는 무료 샘플 위주의 아이템에 집중하게 되는 경우입니다. 물론 '저가의 아이템이 나쁘다'라고 할 수 없고, '무료 샘플 역시 나쁘다'라고 할 수 없습니다. 그런데 이러한 경우 회사가 정말 표현하고 싶은 이미지, 아이템의 구성 등 처음 쇼핑몰을 구축할 때 구상했던 이미지와 동떨어져 가는 모습을 보이는 경우가 많습니다. 그 이유는 저가 제품과 무료 샘플에 끌려 다녀 구상했던 컨셉의 유지가 어려워서입니다. 만약 쇼핑몰의 명확한 포지셔닝 즉, 가격대, 연령대, 스타일 등이 충분히 고려된 명확한 컨셉이었다면 저가 아이템들을 구성할 때나 무료 샘플을 받더라도 자사의 컨셉에 부합하는 아이템 위주로 선정을 할 수 있을 것이고, 그렇게 하면 사이트 전체의 컨셉을 유지하기가 쉬웠을 것입니다. 그리해야만 구매 고객들 성향에 집중된 쇼핑몰이 될 수 있기 때문입니다. 그래서 쇼핑몰이 올바르게 나아가기 위해서는 명확한 컨셉과 포지셔닝이 필요합니다.

|02| 쇼핑몰의 포지셔닝

인터넷 쇼핑몰 사진은 고객의 구매심리를 자극해야 하기에 마케팅적 요소에서 접근해야 하는 사진입니다. 그래서 마케팅적인 컨셉과 회사의 포지션 등이 촬영 전에 다루어지고, 그것을 바탕으로 쇼핑몰 컨셉에 부합하는 사진을 촬영하게 되는 것입니다. 컨셉 관련 부분은 다음 섹션의 '의류 쇼핑몰 사진 스타일별 유형 분석'에서 좀 더 자세히 다루겠습니다.

포지션은 말 그대로 '위치'인데, 쇼핑몰에서 위치라고 하면 가격대, 연령대, 스타일 정도로 드러나는 쇼핑몰 지표의 상태라 할 수 있습니다.

다음의 포지셔닝 맵은 임의의 쇼핑몰들로 포지션되어 있습니다.

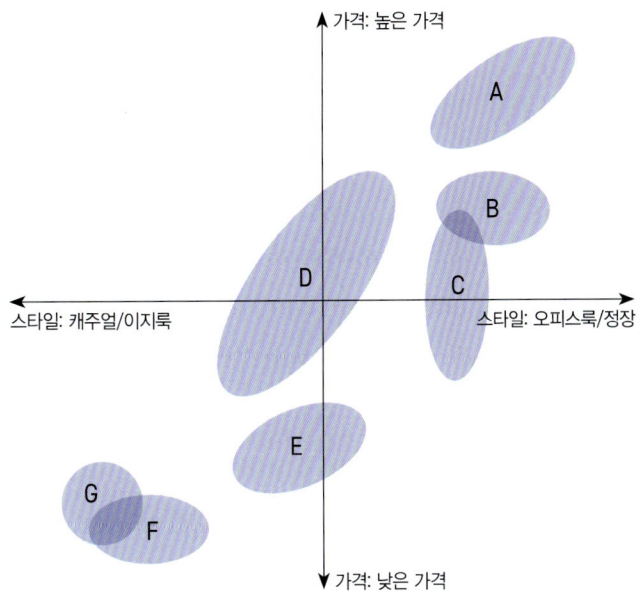

가격대와 스타일에 따른 포지셔닝 맵

가격대와 스타일에 따른 포지셔닝 맵을 보면 특이점이 있습니다. 오피스룩/정장 쪽으로 갈수록 가격대가 높고, 캐주얼/이지룩 쪽으로 갈수록 가격대가 낮게 형성되어 있는 점입니다. 아무래도 오피스룩은 원단부터 제단, 패턴 등 모든 부분에서 퀄리티를 높여야 하기에 생산 단가가 높고, 캐주얼은 비교적 저렴한 원단, 조금은 떨어지는 디테일 등 거의 모든 부분에서 오피스룩/정장에 비해 저렴한 편입니다.

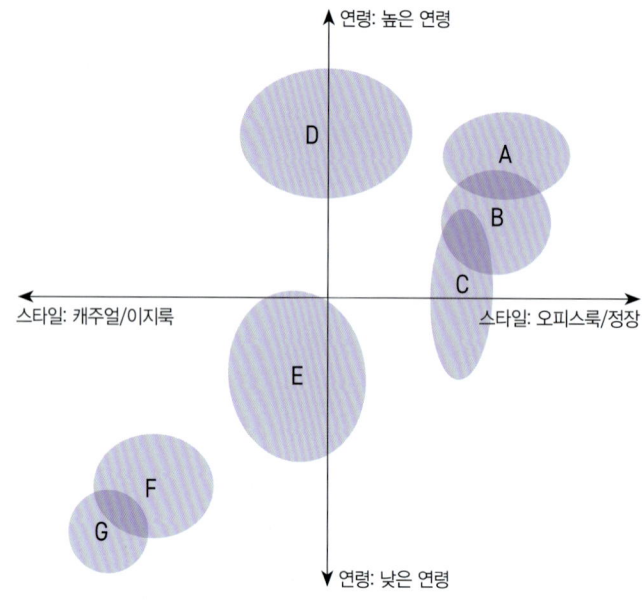

연령대와 스타일에 따른 포지셔닝 맵

연령대와 스타일에 따른 포지셔닝 맵을 보면 가격대와 스타일에 따른 포지셔닝 맵에 비해 전체적으로 비슷하지만, 크게 달라진 업체가 있습니다. 바로 D쇼핑몰인데요. 이 업체는 저가 가격대라고 보기는 어렵고, 그렇다고 아주 고가의 의류를 판매하지도 않습니다. 의류 스타일로는 캐주얼과 오피스룩의 중간쯤에 위치한 즉, 가벼운 모임이나 일상에서 편히 입는 데일리한 스타일을 지향하고 있습니다. 그러나 연령대가 표기된 포지셔닝 맵에서 보면 높은 연령대가 나타나고 있습니다. 그 의미는 데일리하게 일상 및 가벼운 모임에서 연출 가능한 미시룩 스타일(30~40대 연령) 또는 마담 스타일(40~60대 연령)의 쇼핑몰임을 알 수 있습니다.

누구나 위의 예제처럼 간단하게 자신의 쇼핑몰을 포지션 시켜 볼 수 있습니다. 물론 모든 지표를 정확하게 기입해야 하는 부담을 가질 필요가 전혀 없습니다. 단지 포지셔닝 맵 작성은 자사의 대략적 위치를 파악하고, 포지셔닝 맵 상에서 비슷한 업체를 찾고, 그중에서 벤치마킹할 업체 선정을 할 용도이지, 정확한 수치가 들어가야 하는 회계나 통계처럼 어렵게 생각할 필요는 없습니다.

자사의 포지셔닝 맵을 완성하였으면, 자사 쇼핑몰의 포지션과 겹치는 업체를 찾아봅시다. 제일 먼저 자사 제품과 사입처가 같은 곳의 업체를 꼽을 수 있습니다. 그 업체들은 사입처에게서 충분히 정보를 얻을 수 있으며, 카테고리별 순위를 알려주는 사이트를 통하여 동종업계들을 볼 수 있는데, 여기서 아이템의 유사성과 가격의 유사성을 기반으로 포지셔닝 맵 상 비슷하게 위치한 업체들을 찾아볼 수 있습니다. 이렇게 찾은 업체들 중 비교적 순위가 높은 업체들 위주로 벤치마킹을 합니다. 순위가 높다는 말은 매출도 높은 편이며, 짧은 기간 운영한 쇼핑몰이 아닌 경우가 대부분입니다. 여러 시즌에 걸쳐서 운영되었고, 성수기, 비수기, 휴가 시즌, 연말 시즌, 명절 등 매출이 오르락내리락 하는 굴곡들을 거쳐 왔기에 생존을 아는 업체들이라 컨셉도 잘 잡혀 있고, 벤치마킹할 요소들이 충분히 많습니다. 그 요소들로는 가입 시 적립금, 구매 시 적립금, 하루 신상품 업로드 개수, 팝업 및 이벤트, 세일 등 세부적인 부분까지 벤치마킹할 수 있습니다. 사진 결과물로 보면 장소, 모델, 포즈, 색감, 조명, 앵글, 구도 등을 벤치마킹할 수 있으며, 디자인적으로는 메뉴, 메인 페이지, 상세 페이지, 썸네일까지도 벤치마킹할 수 있습니다. 꾸준한 벤치마킹과 그것을 표방하기 위한 시도 속에서 더욱 자사만의 스타일이 만들어질 것이기에 벤치마킹과 스크랩은 필수적인 부분이며, 꾸준히 해야 할 것입니다.

잠깐 언급되었던 동종업계 상위업체를 찾는 방법 중 인터넷 순위 사이트라고 했는데, 랭키닷컴(http://www.rankey.com/) 사이트에서 제공하는 랭키툴바라는 프로그램이 있습니다. 인터넷 익스플로러와 크롬에 설치가 가능하며, 손쉽게 순위 확인과 사이트 방문이 가능합니다. 단, 여기서의 순위 지표가 회사의 가치를 절대적으로 판가름하는 것은 아니기에 좋은 참고 자료로 생각하면 될 것 같습니다. (단, Apple 제품 컴퓨터인 Mac에서는 설치 불가)

여성의류 쇼핑몰 분야 카테고리에 등록된 사이트 순위

랭키툴바의 모습입니다. 앞의 항목은 카테고리와 카테고리 내 순위이며, 뒤에 '전체'라고 나와 있는 부분은 인터넷 전체 순위이지만, 벤치마킹을 위한 사이트를 찾는 것과는 무관한 순위이다 보니 신경을 쓰지 않아도 됩니다.

카테고리에서 [여성의류쇼핑몰]을 클릭하면 아래로 길게 쇼핑몰들이 순위별로 나열이 되고, 각 사이트를 클릭하면 해당 사이트 홈페이지로 들어가집니다.

그림에서 보듯이 카테고리 순위가 나열되어 있는 것을 볼 수 있습니다. 높은 순위의 사이트들 중에 포지셔닝 맵 상에서 자사와 많은 부분이 겹치는 포지션과 컨셉을 가진 사이트, 아이템이 같거나 유사한 사이트, 가격대는 다르지만 비슷한 코디를 지향하는 사이트 등 벤치마킹할 사이트들을 찾는 데 유용합니다.

|03| 자사의 쇼핑몰 컨셉 잡아가기

아이템 선정과 포지셔닝 맵으로 쇼핑몰의 뼈대를 잡았다면 컨셉이라는 살을 더하여 봅시다.

예시 ❶

아이템
티셔츠
니트
남방
청바지
청반바지
청치마
면바지
저가형 자켓
저가형 코트
저가형 패딩
운동화
샌들

시장 분석
대중매체 유행 분석
패턴과 컬러

유명인 스타일 분석
타사 벤치마킹
스타일링

컨셉
우리의 쇼핑몰은
10대 후반부터 20대 초반의
귀엽고 발랄한 여성들이 즐겨 입는 따뜻한 컬러감과 밝은 느낌의 톤으로 되어 있는 저렴한 가격대의 쇼핑몰이다.

주 타깃: 20대 초반 여성, 대학생
보조 타깃: 10대 후반 여성, 고등학생
보조 타깃: 젊은 직장인 여성(출퇴근용 복장 아님)

예시 ❷

아이템
쉬폰 원피스
쉬폰 블라우스
플레어 원피스
와이드 린넨 팬츠
린넨 자켓
플랫 슈즈
하이힐
클러치 백
토드 백

시장 분석
대중매체 유행 분석
패턴과 컬러

유명인 스타일 분석
타사 벤치마킹
스타일링

컨셉
우리의 쇼핑몰은
20대 중후반부터 30대 후반까지 여성들이 부담 없이 가벼운 옷차림으로 여유로운 일상을 즐기는 데일리한 쇼핑몰이다.

주 타깃: 30대 초중반의 편안한 일상을 즐기는 여성/주부
보조 타깃: 30대 후반에서 40대 초반 편안한 일상을 즐기며, 나이대 보다 젊어 보이는 코디를 선호하는 여성/주부

아이템을 준비하면서 컨셉을 잡아가기도 하지만, 명확한 컨셉으로 아이템을 선정하고 잡아가는 경우도 있기 때문에 화살표 방향에 크게 연연하지 않길 바랍니다.

컨셉을 잡아가다 보면 예시 ❶, 예시 ❷처럼 구매 타깃층이 나오게 됩니다. 타깃층이 명확할수록 그들의 선호하는 스타일/코디, 컬러, 가격대 분석이 용이하고, 그에 따라 자사 쇼핑몰의 표현 방법도 쉬워집니다. 예를 들어 모델 선정 및 선호하는 포즈, 장소 선별, 촬영 기법 등을 더욱 명확하게 할 수 있고, 홈페이지 디자인, 사진 색감, 글씨체, 배너/이벤트 등 상당 부분에서 그 타깃층이 좋아하는 방법으로 접근하기가 쉬워져서 자사가 추구하는 방향과 스타일이 고객 취향과 비슷해져 갑니다.

이렇듯 쇼핑몰 사진은 단순히 예쁜 사진, 제품이 잘 보이는 사진에서 끝나는 것이 아니라 쇼핑몰이 잡은 컨셉과 스타일이 그들의 고객층이 선호하고, 공감하는 사진으로 만들어질 때 비로소 매출에 좋은 영향을 주는 사진이라고 볼 수 있습니다.

> **TIP** 쇼핑몰 사진은 고객이 원하고, 공감하는 사진
>
> 좋은 카메라와 장비로 촬영한 선명하고, 멋진 사진도 좋지만, 구매자의 입장에서 공감이 되는 사진이 쇼핑몰 사진에서는 더욱 중요할 수 있습니다. 예를 들어 모임이나 예의를 갖추는 자리에서 주로 입게 되는 오피스룩은 고급스러우면서 깔끔하게 표현을 한다든지, 데일리 스타일의 경우는 일상적인 장소인 카페, 레스토랑, 거리 등에서 현장 분위기를 잘 살린 편안한 결과물을 만듦으로써 구매자들의 공감과 구매욕을 자극하는 사진이 유리합니다.

의류 쇼핑몰 사진 스타일별 유형 분석

|01| 오피스룩 쇼핑몰

오피스룩은 일하는 곳(Office, 사무실, 직장)에서 입는 스타일의 옷에서 출발합니다. 즉, 이해관계의 사람들과 있는 곳이며, 직장 상사가 있기도 하고, 거래처 사람들을 만나기도 하는 직장에서 격식을 갖춰야 하는 직장인들의 의상 스타일이라 할 수 있습니다.

오피스룩은 기본적으로 10대 후반이나 20대 초반의 연령대에서는 구매 비율이 매우 적다고 볼 수 있습니다. 학생들보다는 명확한 소득이 있는 직장인들이 구매하는 비율이 높고, 학생들은 자신의 주머니 속 돈과 본인의 개성이 옷을 고르는 데 있어서 중요한 고려사항인데 반하여, 직장인들은 회사의 전통과 분위기에 따라 고르기도 하고, 자신의 지위에 따라 그 스타일이 달라지기도 합니다. 그리고 대부분의 오피스룩은 캐주얼, 데일리룩 등에 비하여 가격대와 품질이 높은 편이며, 이런 부분들을 잘 표현해 낼 수 있는 사진 스타일은 화보집 같은 잡지광고 느낌의 고급스러운 컨셉입니다.

Q: 높은 품질을 표현하는 방법에는 무엇이 있나요?
A: ① 피사체가 돋보이게 촬영하기
  ② 옷의 핏감과 실루엣을 잘 살리기
  ③ 고급스러운 장소와 액세서리, 그리고 잘 완성된 헤어&메이크업

Q: 그렇다면, 피사체가 돋보이게 하려면 어떻게 하나요?
A: 아웃포커싱이 잘 되게 하여 배경과 피사체가 분리된 느낌으로 돋보이게 할 수 있습니다. 이 방법으로 촬영하려면, 망원렌즈(70-200mm, 85mm, 105mm, 135mm)가 필요합니다. 그리고 조리개 개방이 많이 되는 렌즈(85mm F/1.8, 85mm F/1.4, 105mm F/1.4, 135mm F/2.0)일수록 훨씬 유리합니다. 이렇게 장비가 갖춰졌다면 카메라의 조리개는 열고, 카메라와 피사체와의 거리는 가깝게, 피사체와 배경과의 거리는 멀리 할수록 아웃포커싱이 잘 됩니다. 그 다음으로는 꼭 아웃포커싱을 염두에 두지 않더라도 옷이 잘 보이게 옷과는 대비되는 색상의 깔끔하고, 튀지 않는 배경을 고르는 방법도 있습니다.

Q: 옷의 핏감과 실루엣을 잘 살리는 방법은 어떻게 되나요?
A: 핏감 살리기, 실루엣 살리기는 결국 옷에 라인을 잘 보이게 하는 방법입니다. 배경이 너무 어둡거나, 옷과 비슷하거나 같은 색상일 경우 라인이 잘 보이지 않기에 보통 그런 장소는 피하게 됩니다. 그리고 역광을 이용한 방법으로 실루엣을 잘 살릴 수 있고, 배경과의 구분 또한 명확해질 수 있습니다.

Canon 5D mark II + EF 24-70mm F/2.8 L, 매뉴얼 모드, 1/500초, F/2.8, ISO 250

촬영할 때 수직과 수평 구도에 신경을 썼습니다. 바닥의 선부터 벽, 창틀, 천장의 등 라인 등 배경에 수평과 수직선들이 많이 있으므로 이 부분이 틀어지면 깔끔한 느낌이 덜 들 수도 있기 때문입니다. 물론 포토샵을 이용해서 틀어진 부분을 잡을 수 있습니다. 그리고 24-70mm 표준 줌렌즈를 사용하였는데, 최대한 왜곡을 줄이고 안정감을 나타내기 위해서 광각의 영역보다는 망원의 영역 쪽으로 사용하려 노력했으며, 사진은 50mm 영역대로 찍혀 있습니다. 장소는 깔끔하면서 고급스러움을 유지하는 곳을 선택했습니다.

Canon 5D mark II + EF24-70mm F/2.8 L, 매뉴얼 모드, 1/125초, F/2.8, ISO 1600

TIP 갤러리나 전시품이 있는 곳에서의 촬영

왼쪽의 사진은 공간을 대여하여 촬영한 것으로 다행히도 미술품, 예술품이 촬영되어도 문제가 없는 곳이었습니다. 하지만, 장소나 조건에 따라 개인 창작물, 저작권이 있는 예술품의 촬영은 자제해 달라는 경우가 있으므로 주의해야 합니다.

앞에서 오피스룩은 고급스러움을 지향한다고 하였습니다. 액세서리와 장소가 고급스러우면 당연히 좋습니다만, 작은 소품 하나가 고급스러움에 도움을 주기도 합니다. 예를 들면 사진에서처럼 예술품이 있으면 좋습니다. 그래서 가끔씩은 갤러리나 분위기가 있는 곳을 대여하여 촬영하기도 합니다. 하지만, 중요한 것이 있습니다. 유명한 작품이나 색채가 강한 작품을 배경으로 두게 된다면 정작 중요한 모델과 옷은 덜 보이게 되는 점입니다. 따라서 비교적 작은 크기이거나 눈에 덜 띄는 색상의 작품들 위주로 배경에 담아 찍습니다.

Nikon D5 + AF-s 70-200mm F/2.8 VR II, 매뉴얼 모드, 1/200초, F/2.8, ISO 160

◀ 맑은 날 높은 빌딩 내부에서 촬영되었고, 넓은 환경의 웅장함을 잘 보여주기 위해 망원 렌즈를 사용하고 멀리서 촬영하였습니다. 셔터스피드가 1/200초인 이유는 조명을 사용하면서 고속동조 기능을 사용하지 않았기 때문입니다.

TIP 조명에서 고속동조란?

고속동조(FP 발광)는 셔터스피드가 빠른 1/4000초나 1/8000초까지 속도에 맞춰 조명을 발광해주는 기능입니다. 이 기능을 쓰려면 카메라, 동조기, 조명 이 세 가지 장비가 서로 호환이 되어야만 가능합니다. 그렇지 않으면 1/160~1/250초까지만 동조 발광이 됩니다. 셔터스피드가 빠르고 동조 발광이 되지 않으면, 사진에는 검은색 띠가 있는 것처럼 찍혀서 사용할 수 없는 사진이 됩니다.

셔터스피드 1/250초

셔터스피드 1/320초

셔터스피드 1/400초

망원 줌렌즈의 망원 영역을 잘 살리려면 우선 넓은 공간이 필요합니다. 모델 뒤쪽으로 공간을 많이 줄수록 아웃포커싱이 잘 발생하게 되고, 더불어 왜곡이 덜하거나 없다는 점, 원근감의 압축된 느낌, 수직/수평 정리의 편리한 점 때문에 배경 정리가 잘 되고 깔끔한 모습을 볼 수 있습니다. 그래서 오피스룩 촬영에서는 이런 망원 렌즈의 장점인 옷의 실루엣을 잘 살리고, 깔끔하게 배경이 정리되는 등의 이유로 많이 사용되고 있습니다.

Nikon D5 + AF-s 70-200mm F/2.8 VR II, 매뉴얼 모드, 1/200, F/2.0, ISO 125

Canon 5D Mark II + EF24-70mm F/2.0 L, 매뉴얼 모드, 1/125초, F/3.2, ISO 100

조명을 강하게 사용하여 사진에 임팩트를 넣고, 모델의 메이크업과 포즈를 과하게 하여 전체적으로 광고 사진의 느낌으로 표현하였습니다. 이미지 메이킹용으로는 좋을 수 있으나 과한 포즈나 과한 조명은 자칫 옷의 핏감과 디테일을 보여주는 부분에 있어서는 방해가 될 수 있습니다. 그래서 이미지 메이킹용 컨셉 사진+판매를 위한 제품이 잘 표현된 사진의 적절한 촬영 양의 조합이 필요로 합니다.

> **TIP** 조명을 사용할 때 얼굴에 들어가는 빛을 조절하는 방법 중에 유용한 방법이 Key 트라이앵글 그림자를 만드는 것입니다. Key 트라이앵글 빛을 받은 반대쪽 얼굴을 보면 눈아래, 콧날, 광대뼈 라인으로 형성된 역삼각형의 형태가 생겼습니다.

Canon 5D Mark II + EF 85mm F/1.8, 매뉴얼 모드, 1/125초, F/2.2, ISO 100

안정감 있는 결과물을 찍으려 했다면, 프레임 위/아래로 더욱 여백을 주고, 수직/수평을 잘 맞췄으면 더 안정감있게 보였을 것입니다. 그러나 안정감보다는 좀 더 꽉 채우는 프레임과 기울어진 촬영으로 과감한 느낌으로 표현하였습니다. 하지만 오피스룩에서 자칫 다이나믹함과 재미만을 추구한 사진이 많을 경우 안정감 있는 사진이 모자랄 수 있기 때문에 주의하여 촬영해야 합니다.

> **TIP** 조리개 조작과 결과물 반영
>
> 85mm F/1.8, 85mm F/1.4, 50mm F/1.4 등 이런 렌즈들처럼 조리개 값이 2.0 미만의 렌즈들을 최대 개방으로 촬영하게 되면 심도가 얕아 조리개를 더 조인 사진들보다 덜 선명해 보이는 사진이 만들어질 가능성이 큽니다. 하지만 배경을 최대한 많이 날리고, 피사체를 상대적으로 은은한 느낌으로 부드럽게 표현하려면 조리개를 많이 열고 촬영합니다. 또한 전체적으로 쨍한/선명한 사진을 원하는 경우에는 조리개를 더 닫고 촬영하면 됩니다. 많은 렌즈들이 조리개 F/16 값에서 최대치의 선명도가 나온다고는 합니다만, 심도도 너무 깊고, 조명이 없는 일반 촬영에서는 부담스러운 값입니다. 그래서 '용도에 맞게 아웃포커싱을 할 것인가?', '선명도 있는 심도 깊은 사진을 찍을 것인가?'를 생각하면서 조리개를 조정해야 할 것입니다.
>
> 인물 사진처럼 배경 날림을 필요로 하는 사진에서는 조리개 값을 최대 개방에서부터 F4.0~F5.6 정도까지만 조여주고, 선명노를 낮이 높여 촬영하는 제품 상세 사진 같은 경우에는 F7.1~F16 사이의 값을 사용하면 높은 선명도의 사진을 얻을 수 있습니다.

Canon 5D Mark II + EF 35mm F/1.4 L, 매뉴얼 모드, 1/200초, F/1.6, ISO 200

오피스룩이라고 해서 정적으로 촬영하거나 꼭 안정적인 프레임으로만 찍어야 한다는 압박에서 촬영할 경우 반듯한 포즈컷만으로 페이지를 채우게 되어 너무 심심하거나, 건조한 촬영이 될 수 있습니다. 쇼핑몰은 옷을 파는 것이지만, "분위기를 파는 것이다.", "마음을 파는 것이다."라고 하는 말이 있듯이 좋은 분위기를 낼 수 있는 환경/배경과 소품이 있다면 언제든지 다양한 시도를 해보면 더 좋은 결과물을 만들어 낼 수 있습니다.

역광을 이용해 분위기와 옷의 라인을 살린 사진

하늘이 많이 들어오는 환경에서의 역광 촬영은 허전한 느낌을 피할 수 없습니다. 배경이 휑한 느낌에서 벗어나려면 건물이나 담벼락 등 큰 사물을 배경에 적절히 배치해야 유리합니다.

역광과 역동적인 동작을 이용하여 옷의 실루엣을 살린 예

TIP 역광 실루엣이 오피스룩에서 미치는 좋은 영향이 있습니다. 바로 옷의 실루엣이 살아 핏감을 잘 보여줄 수 있는 것입니다. 시스루 재질의 의상인 경우 그 투과감이 뒤에서 비춰지는 빛으로 인해 더 표현이 잘 됩니다.

역광 촬영에서 배경이 하얗게 날아간 예

위의 사진은 배경이 너무 하얗게 날아가서 역광 촬영을 할 때 좋지 못할 수 있는 배경 선택의 예입니다.

오피스룩에 관해서 자주 언급되었던 부분이 고급스러움이었습니다. 왜 그렇게 고급스러움을 강조할까요? 오피스룩은 일단 가격대가 상대적으로 높고, 구매 연령층도 10대, 20대 초반보다는 20대 후반부터 30대, 40대까지 높으면서 넓은 편입니다. 편견일 수 있지만, 값비싼 물건을 구매할 때 연령대가 높은 사람들이 좀 더 합리적으로 까다로운 기준에서 고를 것입니다.

귀엽게, 즐겁게, 일상을 보여주는 사진들보다는 안정적인 화각과 프레임에서 제품의 고급스러움과 신뢰감을 나타내는 사진을 보여주며 고객들의 마음속에 "이번에 팀장으로 진급했으니깐 좀 더 고급스런 느낌으로 입고 가볼까?", "새로운 바이어들이 사소한 것부터 까다롭다고 하던데, 이번 미팅 때 단정하고, 흠잡을 곳 없이 깔끔한 느낌으로 코디해 봐야겠는 걸?" 하는 생각이 들도록 표현한 사진이 좀 더 구매에 도움이 되는 사진일 것입니다.

Canon 5D Mark III + EF 35mm F/1.4 L, 매뉴얼 모드, 1/1250초, F/1.6, ISO 100

많은 여백으로 고급스러운 장소를 어필하는 세로 사진 컷

Canon 5D Mark III + EF 35mm F/1.4, 매뉴얼 모드, 1/800초, F/1.6, ISO 200

복잡한 구조나 색이 아닌 배경에서 적절한 여백과 균형 잡힌 앵글, 조리개 F/1.6 값으로 약간의 아웃포커싱

오피스룩 촬영에서 또 중요하게 고려되는 부분이 안정감 있는 프레임과 구도입니다. 다이나믹한 구도는 화려해 보이고 재미있어 보일 수 있지만, 때로는 정리되지 않고 불안해 보이기도 합니다. 오피스룩 사진에서는 역동성이나 재미를 표현하기보다는 안정감과 신뢰감을 주는 것이 유리합니다.

기울어진 앵글과 배경 속의 다양한 사물들의 등장과 복잡한 요소들이 심심하지 않은 배경을 만들 수는 있지만, 깨끗하고 안정적이며 고급진 느낌을 주는 데에는 부족할 수 있습니다.

Canon 5D Mark II + EF 35mm F/1.4, 매뉴얼 모드, 1/1600초, F/1.6, ISO 200

배경의 바닥과 기둥들이 기울어져 있으면 편안함이 느껴지는 구도는 아니다.

안정적인 인물 사진 촬영 시 구도에서 빠지지 않는 것이 머리 윗 공간의 여백을 말하는 헤드룸(head-room)이라는 것입니다. 헤드룸은 촬영된 인물의 머리 끝과 프레임 제일 상단과의 공간을 말합니다.

Nikon D5 + AF-s 24-70mm F/2.8 N, 매뉴얼 모드, 1/125초, F/7.1, ISO 100

4장의 사진 중 좌측 상단 사진은 머리 윗 공간이 너무 많아 아래쪽만 무게감이 있어 불균형적인 느낌이 듭니다. 그렇다고, 우측 상단처럼 여백이 거의 없거나, 좌측 하단처럼 완전히 공간을 넘어서 버린 경우는 답답하거나 불안감을 느낄 수 있습니다. 따라서 우측 하단처럼 적절히 띄우는 것이 편안함과 안정감을 줄 수 있습니다.

> **TIP 헤드룸을 만들어야 하는 압박 받지 말기**
>
> 적절한 헤드룸이 안정감을 줄 수는 있지만, 마치 정답인 것처럼 압박을 받으면서 헤드룸 공간 띄우기에만 연연할 필요는 없습니다. 신선함이 필요할 때는 과감한 도전을 하십시오. 단, 원래의 스타일을 유지하기에 잘 맞는 안전한 결과물을 만든 후에 도전을 해야 합니다.

장소, 화각, 구도를 통해서 오피스룩 촬영 결과물의 여건이 갖춰졌다면, 이제 모델의 멋진 포즈가 필요할 때입니다. 데일리룩이 일상 느낌 촬영, 헐리웃 스타일이 파파라치 촬영이라면, 오피스룩은 화보 사진 컨셉으로 촬영을 많이 합니다. 마치 잡지 속 사진처럼 안정적인 구도와 여백을 표현하고, 의상의 실루엣 표현도 좋습니다. 고급스러움과 멋스러움이 담겨 있게 말입니다. 이런 화보 사진 컨샵에서는 자연스러움과 동선이 있는 모델의 움직임보다는 옷의 핏을 잘 표현하기 위한 포즈, 고급 의상과 좋은 장소에 걸맞는 멋진 포즈를 취하고, 따라서 촬영 때도 연속적으로 누르는 컷보다는 한 컷 한 컷 모델의 포즈와 합을 맞춰 만들어가는 촬영을 하게 됩니다.

Canon 5D Mark III + EF 85mm F/1.8, 매뉴얼 모드, 1/125초, F/2.2, ISO 500

오피스룩 촬영 스타일 요약
비교적 높은 연령대가 착용하며 가격이 고가인 만큼 고급스러움을 유지하는 촬영에 힘씁니다. 확실한 피팅감과 재질을 잘 보여주며, 깨끗한 배경 정리와 아웃포커스를 통해 제품에만 확실한 포커스를 보여주기도 합니다. 배경 정리와 수직 수평선을 깔끔하게 맞춰 촬영하는 것이 유리하기에 광각 계열보다는 망원 계열의 렌즈로 많이 촬영하게 됩니다.

|02| 캐주얼 쇼핑몰

캐주얼룩이라고 하면 평상시에 격식을 차리지 않고 가볍게 입을 수 있는 옷차림입니다. 격식을 차리지 않았다는 부분에서 볼 수 있듯이 정장과 드레스와 같은 의류는 분명 아닙니다. 그리고 가볍고, 경쾌한 의상을 입는 연령대는 분명 어린 연령층이며, 그들이 선호하는 비교적 저렴한 의류라고 볼 수 있습니다.

이런 캐주얼룩 스타일의 구매층은 10대 후반~20대 초중반에 많이 몰려있는 만큼 그들이 좋아하는 가벼움과 즐거움이 많이 담겨 있고, 격식보다는 자유로움을 추구하고 표현하는 것이 구매로 이어지는 좋은 결과물일 것입니다.

Canon 5D Mark III + EF 35mm F/1.4, 매뉴얼 모드, 1/500초, F/1.8, ISO 800

행동이나 표정이 이어지는 느낌의 촬영

비슷한 앵글에서 약간의 표정 변화나, 포즈 변화가 있을 때 한 장만 선택하여 사용하기 쉽지만, 이런 연속적인 사진들을 모아 상세 페이지에서 나열만 하는 것이 아니라 다양한 구성으로 배열하여 보여줌으로써 사진 속의 작은 동작 변화, 포즈 변화들이 이어지고 있음을 알 수 있으며, 그 현장에서의 분위기와 행동을 함께 느낄 수 있게 됩니다.

Canon 5D Mark III + EF 35mm F/1.4, 매뉴얼 모드, 1/320초, F/1.8, ISO 800

앵글도 과감하게 틀어져 있고, 잡지로 얼굴을 가리고 있어서 무언가 장난이라도 칠 것 같은 분위기

쇼핑몰 사진에서 과연 옷이 보이지 않으면 무조건 망친 사진일까요? 꼭 그렇다고 말할 수 없습니다. 의류를 판매한다면 '당연히 옷이 다 보여야 하는 것 아닌가요?'라고 물어본다면, 당연히 옷이 보여야 합니다. 하지만, 옷도 보여줘야 하고, 분위기도 보여주어야 합니다. 그래서 옷이 잘 보이는 사진들을 여러 컷 촬영하였다면 다음으로 분위기를 살리는 사진이나 감성을 살리는 사진, 때로는 즐거운 사진들이 함께 섞여 있음으로써 지루하지 않은 상세 페이지를 만들 수 있습니다. 따라서 캐주얼이나 데일리, 보헤미안룩 등을 촬영할 때는 감성 사진이나, 재미있는 컨셉 사진을 오피스룩이나 미시룩 촬영 때보다 더 많이 찍게 됩니다.

> **TIP 호텔 객실에서 촬영하기**
>
> 호텔에서의 촬영은 스튜디오처럼 꾸며둔 장소와는 다릅니다. 카펫 또는 가구들, 벽지, 조명 등이 촬영을 위해 세팅되어진 곳이 아니기 때문입니다. 그래서 촬영하기에 까다로울 수는 있지만, 분위기는 좋은 경우가 많아 종종 이용되는 장소입니다.
>
> 우선 호텔은 체크인, 체크아웃 시간이 있어서 잘 알고 활용해야 합니다. 보통 체크인이 오후 2시 또는 3시인데, 그 시간부터 촬영을 시작하면 금방 어두워집니다. 그래서 촬영 허가를 받고 예약한 후 체크인 시간을 조금이라도 앞당길 수 있는지 문의를 해보는 것이 좋습니다. 그리고 1박 2일의 촬영이 가능한 상태일 경우 체크인 후 낮 촬영, 해가 떨어진 후 야간 촬영, 다음날 체크아웃 전까지 촬영으로 이어서 할 수 있습니다. 가장 힘든 부분이 있다면, 해가 떨어진 이후의 촬영입니다. 호텔의 룸은 생각보다 많이 어둡습니다. 그래서 휴대가 편한 조명을 함께 가지고 가는 것이 유리합니다.

기울어진 프레이밍으로 좀더 재미있고, 다양한 사진을 촬영해 본다.

캐주얼 제품은 단가도 저렴할 뿐만 아니라 연령대도 어립니다. 가볍게 걸치는 스타일이기에 딱딱하거나, 정적인 촬영은 피하는 편입니다. 캐주얼 특유의 이지(Easy)함과 경쾌함은 대부분의 모델들이 잘 표현해 줍니다만, 촬영자도 캐주얼에 걸맞게 다이나믹하거나 형식 없는 구도와 앵글로 촬영을 해보면 좋습니다.

다이나믹함을 앵글로 표현하는 방법은 수평, 수직을 바르게 맞춰야 한다는 관념을 버리는 것입니다. 수평, 수직이 잘 맞는 촬영은 안정감을 줄 수는 있지만, 재미가 없거나 딱딱한 느낌이 많이 나는 편이기 때문에 로우(Low) 앵글에 살짝 카메라를 돌려(기울여) 찍게 되면 재미있고, 다이나믹한 촬영 결과물을 만들 수 있습니다.

> **TIP 모델에게 상황 던지기**
>
> 자연스러운 연출을 위해서는 "웃어주세요!", "걷는 포즈 해주세요!"로는 아쉬운 부분이 많습니다. 그래서 모델들에게 자연스러움을 요구할 때 포토그래퍼들은 상황을 던져줍니다. 예를 들어 "오늘 점심식사 메뉴는 어떤 것으로 할까?", "남자친구를 기다리고 있는 중이야!", "친구들이 늦어서 심통났어!" 등 상황을 던지게 되면 그것에 맞춰 표정이나 자연스러운 동작을 좀 더 쉽게 표현할 수 있게 됩니다.

주변에 있는 사물이나 작은 소품을 활용하는 방법도 즐거움을 줄 수 있는 방법입니다. 제일 간단하게는 휴대전화로 셀카를 촬영하는 연출이나 테이크아웃용 커피잔, 가방, 모자 등을 활용하는 방법도 있습니다.

모자를 쓰려고 머리를 쓸어 넘기고 있는 행동이 들어간 연출 컷

자칫 과할 수 있지만, 캐주얼이라 편하게 주변 자갈마당의 자갈돌을 이용한 연출 컷

10~20대가 좋아할 만한 사진은 화려한 컬러감이 있는 사진일 것입니다. 채도가 빠진 부드러운 느낌의 색감보다는 생동감 넘치고, 톡톡 튀는 진한 원색의 컬러들은 결과물의 생기를 더 불어 넣어 줄 것입니다.

Nikon D5 + AF 24~70mm F/2.8, 매뉴얼 모드, 1/1250초, F/3.2, ISO 500

Canon 5D Mark III + EF 35mm F/1.4, 매뉴얼 모드, 1/1000초, F/1.8, ISO 100

알록달록 생동감 있는 컬러들을 배경에 담은 컷

캐주얼 촬영의 연출 방법

| 자연스러움 표현하기 | | • 상황을 던져준다.
• 모델에게 포즈보다는 행동을 요구한다.
• 일상생활에서 흔히 보이는 소품을 활용한다. |

| 다이나믹하게 촬영하기 | | • 광각 렌즈를 사용해 본다.
• 카메라를 기울여 꺾인 앵글로 촬영한다.
• 모델에게 과감한 걸음걸이를 요청한다(연사 촬영을 한다). |

| 생동감 넘치게 하기 | | • 컬러감이 좋은 배경을 활용한다.
• 야외의 경우 태양빛을 일부 받게 하여 빛의 화사함을 넣어준다. |

캐주얼 쇼핑몰 촬영 요약
- 가볍고 이지한 스타일의 옷차림으로 옷 가격이 저렴하고, 소비자가 어린 연령대인 만큼, 편안하고 즐거운 촬영을 합니다.
- 격식, 형식 따위는 버려 버리고, 자유로운 앵글과 화각대로 촬영합니다.
- 포즈보다는 자연스러운 행동들을 요구하고, 일상에서 편히 쓰는 소품들을 활용합니다.
- 컬러풀하고 다양한 배경을 선정하여 촬영합니다.

|03| 스트리트 패션, 헐리웃 스타일 쇼핑몰

스트리트 패션은 이름 그대로 거리 패션으로, 도심의 거리에서 센스 있는 사람들의 멋진 패션을 지향하는 스타일입니다. 헐리웃 스타일은 영화의 도시 헐리웃에서 따온 것입니다. 아무래도 영화배우들이 많이 있는 곳이다 보니 헐리웃 스트리트에서 유명한 배우들의 핫한 스타일을 많이 볼 수 있는 곳이기 때문입니다.

스트리트 패션과 헐리웃 스타일의 공통점이 있습니다. 바로 '거리'에서의 촬영이 많으며, 모델들의 걷는 모습을 주로 촬영하게 된다는 것입니다. 그러다 보니 포즈를 취하거나 카메라를 의식한 촬영보다는 걷거나 자연스럽게 행동하는 모습의 연출을 많이 하게 됩니다. 그런 이유로 파파라치 촬영 기법을 많이 이용하게 됩니다.

스트리트 패션을 검색하면 거리에서 걷거나 자연스러운 행동을 하는 사진들이 많이 나옵니다.

그렇다면 자연스러운 스트리트 촬영, 파파라치 촬영을 하려면 스튜디오보다는 낭연히 야외 촬영을 주로 하게 되는데, 공간의 한계가 있는 스튜디오는 파파라치 사진이나 스트리트 사진을 담기에는 아쉬움이 크고, 걷는 연출이 어색하기 때문입니다.

야외 촬영의 장점	야외 촬영의 단점
• 넓은 공간에서 오는 공간감과 다양한 배경의 사용 • 태양 빛이 주는 따뜻함과 화사함 • 걸으면서, 이동하면서 생동감 있는 촬영 • 배경과의 거리에 따라 아웃포커싱이 잘됨	• 기온과 날씨의 영향을 많이 받음 • 해가 지면 촬영이 힘들어짐 • 장소에 따라 유동인구와 차가 많음 • 장소의 이동 거리가 길어서 시간과 체력 소모가 큼

야외 촬영을 하면서 자연스러운 연출은 역시 걷는 것입니다. 여기저기 시선을 돌리면서 걷기도 하고, 테이크아웃 음료를 들고 있거나, 스마트폰처럼 작은 개인 물품을 다루고 있는 모습도 자연스러운 연출을 하기에 좋습니다. 그 자연스러움을 고스란히 카메라에 담으려면 모델이 의식하지 않게 거리를 두고 찍는 편이 유리합니다. 먼 거리에서 망원 렌즈를 이용하면 주변에 불필요한 배경이 많이 나오지 않으면서 모델 위주로 많이 담을 수 있을 뿐만 아니라 자연스러움까지 담을 수 있습니다. 아쉬운 점이 있다면, 모델과의 먼 거리로 인해서 촬영자의 요청이나 기타 커뮤니케이션들이 원활하지 않다는 점입니다.

> **TIP** 모델과 먼 거리에서의 커뮤니케이션하기
>
> - 미리 동선을 정해준다: "여기에서 저쪽까지 걸으면서 뒤도 한번 돌아보고, 도로 쪽으로 가서 택시를 기다리는 모습으로 연출해줘!"
> - 자기들만의 수화를 한다: "손가락이 가리키는 쪽이 이동 방향이고, 그리고, 주먹을 쥘 땐 걷기를 멈추고 행동을 했으면 좋겠어!"
>
> 이렇듯 대략적인 방향과 행동을 미리 정하는 것만으로도 먼 거리 촬영을 할 때 유리합니다.

스트리트 패션 촬영은 거리에서 이루어지기 때문에 상가 건물이나, 차량 등이 배경으로 많이 들어올 때가 있습니다. 이럴 때는 아웃포커싱이 잘 되는 렌즈를 사용하여 배경들을 블러(Blur) 처리되게 하면 좀 더 깔끔한 결과물이 됩니다. (아웃포커싱이 잘 되는 렌즈: 망원 계열의 렌즈, 조리개가 많이 열리는 단렌즈)

조리개를 최대 개방에 가깝게 하여 조금이라도 아웃포커싱이 더 발생되게 하였습니다. 복잡할 수 있는 거리가 그나마 정리가 됨을 볼 수 있습니다.

그림자에서 살짝 벗어나 역광의 태양을 좀 더 받으며 걷는 모습

걷는 옆모습을 포착하는 것이 더 역동적입니다.

측면에서의 걷는 모습은 더욱 활동적으로 보이기 때문에 정면으로 걷는 사진과 함께 사용하면 다양하고, 동적인 모습을 보여줄 수 있습니다. 또한 연사 모드를 이용해서 촬영하게 되면 더 좋은 걷는 모습을 건질 확률이 높아집니다.

앞서 파파라치 촬영 기법이라며 언급을 했었는데, 파파라치의 뜻은 몰래 유명인을 따라가 촬영한 결과물을 팔아서 경제 활동을 하는 사진사입니다. 그들이 찍는 대상은 유명인들입니다. 그중에서 패션에 앞서 있는 유명인들은 단연코 연예인들일 것입니다. 그래서 헐리웃 스타일 촬영을 표현하는 데 있어 파파라치 촬영을 하게 되는 경우가 많습니다.

파파라치 포토그래퍼들은 망원 렌즈를 이용하여 멀리서 숨어 촬영하기도 합니다.

멀리서 모델의 움직임이나 동선을 따라 연속적인 촬영을 하는 모습

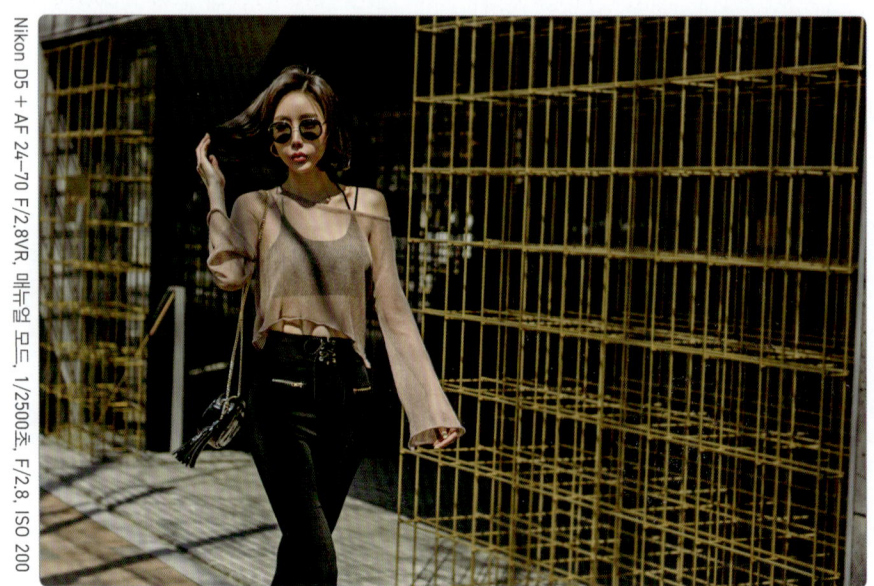

그냥 걷는 것보다는 머리나 선글라스 등을 만지면서 자연스럽게 걷는 모습

좋은 결과물이 나오는 파파라치 촬영의 조건

장소/환경
- 휑하게 비어 보이는 장소는 피한다.
- 핫플레이스이지만, 사람들이 너무 많아 복잡한 곳은 피한다.
- 움직이는 동선을 잘 그릴 수 있는 곳을 택한다.

카메라/세팅
- 연사 촬영 위주가 되어야 하기에 초고화소 카메라나 보급형 카메라는 피한다.
- 카메라 촬영 모드는 연사 모드, AF 모드는 캐논=AI SERVO, 니콘=C 모드를 이용해서 움직이는 사물을 추적한다.

렌즈의 선택
- 망원 렌즈가 파파라치 촬영에 유리하다.
- 망원 렌즈는 70-200mm를 선택하는 것이 효과적이며, 대안으로 70-300mm, 28-200mm 등이 있다.

> **TIP 파파라치 사진은 몰래 찍는 사진이다**
>
> 파파라치 사진은 몰래 찍는 것입니다. 그들의 일상/패션을 사진기로 훔치는 겁니다. 그래서 촬영할 때도 다정하게 다가가 찍기보다는 어떻게 하면 저들의 모습을 잘 훔칠 수 있을까를 생각하고 찍는다면 좀 더 파파라치 사진의 느낌이 날 것입니다. 전봇대 뒤나 기둥, 벽 뒤편에 숨어서 촬영해 보는 것도 도움이 됩니다.

> **스트리트 패션, 헐리웃 스타일 쇼핑몰 촬영 요약**
>
> 파파라치 사진에서 헐리웃 스타들의 패션 스타일이 많이 표현되는 만큼 헐리웃 스타일은 파파라치 컨셉으로 촬영하는 경우가 많습니다. 그로 인해 길거리 촬영이 주가 되어 걷는 모습의 촬영이 많다 보니 연사가 빠른 카메라일수록 건질 수 있는 사진이 많아지며, 망원 렌즈를 이용한 먼 거리에서 자연스럽게 걷는 모습을 효과적으로 촬영할 수 있습니다. 모델에게는 자유로운 이동 동선과 자연스러운 소품의 활용을 주문하고, 촬영자는 몰래 촬영한다는 자세로 촬영에 임하다 보면 파파라치 컷을 더 잘 살릴 수 있습니다.

|04| 미시/마담 쇼핑몰

인터넷 쇼핑몰 초창기에는 모바일 구매가 없었습니다. 그래서 컴퓨터를 최소한으로 다룰 수 있는 사람들이 인터넷 구매를 했었습니다. 어느덧 인터넷 쇼핑몰을 사람들이 이용한지도 십수 년이 넘게 지났습니다. 즉, 쇼핑몰 초기부터 구매해왔던 이들은 벌써 연령대가 많이 높아졌다는 말로도 볼 수 있습니다. 그로 인해 30~40대에 초점을 맞춘 미시 쇼핑몰이 생겨났으며, 시간이 더 흘러 50~60대 어머니 옷이 주가 되는 마담 쇼핑몰들도 생겨나게 되었습니다.

: 영캐주얼 쇼핑몰 사진과 미시/마담 쇼핑몰 사진의 특징 비교

특징	영캐주얼 쇼핑몰	미시/마담 쇼핑몰
상세 페이지 사진의 크기	옷의 스타일이나 상세 페이지의 구성과 배치에 따라 다양한 크기로 사용됨	화면을 많이 채우는 큰 사진 위주
폰트의 크기나 컬러	화려한 컬러와 폰트 그리고 폰트에 다양한 옵션을 첨가(예: 폰트 그림자, 폰트 기울기)	눈에는 잘 띄게! 그렇지만 현란하지는 않게
촬영 장소	화려한 곳, 다양한 컬러가 있는 곳, 심플한 곳 등 옷을 잘 살려주고, 캐주얼 특유의 분위기를 살릴 수 있으면 어떤 곳이든 선호	정돈되고, 깔끔한 느낌의 안정적인 배경 선호
스튜디오	다양한 오브제가 활용 가능하며, 계단, 정원 등 평범하지 않는 구성으로 되어 있으면서 더 다양한 촬영이 가능한 곳을 선호	단아하며 깔끔하고, 고급스러움이 있는 공간, 가구나 스튜디오를 구성하는 아이템들도 고급지거나 차분한 곳을 선호
모델 연출	걷고, 뛰고, 앉고, 웃고, 딴청 피우고, 재미난 스토리텔링도 만드는 등 즐겁고, 다양한 연출을 요구함	여유로우면서 차분함. 세상 이치를 다 이해할 수 있을 법한 온화한 표정과 마인드로 표현함
카메라 및 장비	DSLR, 미러리스, 스마트폰 카메라 등 현장에서 다양한 연출을 담을 수만 있으면 가리지 않고 사용하지만, 망원 렌즈는 심심한 듯 표현되는 경우가 많고 넓은 공간을 필요로 하여 사용은 적은 편	안정감 있는 화각과 구도를 위해서 광각 계열보다는 표준 또는 그 이상 망원 렌즈를 이용한 DSLR 카메라를 많이 사용. 미러리스도 화각대에 잘 맞는 렌즈를 이용한다면 충분히 사용 가능

: 배경은 심플하게! 포즈는 단아하게!

Nikon D5 + AF 24~70mm F/2.8 VR, 매뉴얼 모드, 1/250초, F/2.8, ISO 1250

포즈가 아닌 동작으로 걷는 모습, 가볍고, 활동적인 모습을 촬영

캐주얼처럼 다양하고 역동적이기보다는 주로 과하지 않은 포즈와 편안한 듯 가벼운 동작으로 연출하여 촬영합니다. 배경은 심플하면서 고급스러운 곳이 좋습니다. 대리석 바닥이나 골드, 베이지톤 색상의 배경도 좋은 선택입니다. 어떻게 보면 오피스룩 배경 선정과 비슷합니다.

TIP 실내 촬영 카메라 설정

밝아 보이는 실내여도 촬영이 들어가면 생각보다 어두운 경우가 있습니다. 이럴 때는 모델이 움직일 것인지, 천천히 포즈만 취할 것인지에 따라 셔터스피드를 세팅합니다. 움직임이 드러나는 촬영을 하게 될 경우에는 그 움직임이 흔들림처럼(Motion Blur) 나오는 것을 줄이기 위해 최소한의 1/250초는 필요로 합니다. 그래서 M(매뉴얼 모드) 모드에서 셔터스피드를 1/250초로 지정하고, 조리개는 최대 개방에 가깝게 열어줍니다(고급 렌즈일수록 최대 개방에서도 화질이 좋습니다). 그래도 어둡다면 원하는 밝기가 나올 때까지 ISO를 계속 올려줍니다. 단, ISO는 노이즈가 많이 생기는 값 전까지만 사용합니다.

천천히 포즈를 취하는 경우에는 셔터스피드가 1/125초까지 느려져도 괜찮습니다(단, 촬영자는 손 떨림에 주의해야 합니다). 그런 다음 똑같이 조리개는 최대 개방에 가깝게 열어줍니다. 역시 어둡다면, 원하는 밝기가 나올 때까지 ISO를 올려줍니다.

각자 카메라의 노이즈가 발생하는 ISO 값이 모두 다르기 때문에 자신의 카메라가 얼마의 ISO부터 노이즈가 생기며, 어느 ISO 값부터 사용하기 힘들 정도로 화질이 떨어지는지를 파악해 두어야 합니다.

그렇다고 실내에서 셔터스피드를 1/250초나 1/125초만 두고 촬영해야 한다는 의미는 아닙니다. 이 값들은 어두울 경우 최소한의 셔터스피드이고, 자연광이 많이 들어오거나 실내 조명이 많은 밝은 곳의 경우는 야외 촬영에서처럼 셔터스피드를 충분히 올려야 합니다.

: 비비드한 컬러가 적은 배경의 선택

Nikon D5 + AF 24-70mm F/2.8 VR, 매뉴얼 모드, 1/640초, F/2.8, ISO 500

컬러풀한 배경은 예뻐 보이고 눈길을 끌 수 있지만, 단아한 톤이나 무채색의 옷들은 오히려 배경 컬러에 가려 잘 안 보이는 경향이 있습니다. 반대로 컬러가 거의 들어가지 않은 배경에서의 촬영은 모델이나 옷으로 시선이 더 갈 수 있습니다.

TIP 창가 촬영에서 얼굴 그림자 관찰하기

빛이 들어오는 창이 사방에 다 있는 경우는 아주 드뭅니다. 일반적으로 한 방향이나 두 방향에서 들어옵니다. 이럴 때 밝은 창쪽이라고 모델을 무조건 세워두고 촬영하게 되면 얼굴에 생긴 그림자가 예쁘지 않은 경우를 볼 수 있습니다. 항상 촬영 전에 얼굴에 그림자가 많이 생기지 않도록 주의하며 방향을 잡아야합니다(남성복 또는 빛이 강하게 드는 이미지가 필요한 경우는 예외).

: 망원 렌즈를 통한 안정적인 구도와 배경 정리

Canon 5D Mark III + EF 70-200mm F/2.8 II, 매뉴얼 모드, 1/320초, F/2.8, ISO 250

Canon 5D Mark III + EF 70-200mm F/2.8 II, 매뉴얼 모드, 1/200초, F/2.8, ISO 250

망원 렌즈를 사용하게 되면 화면 가득 배경이 넓게 담기는 것을 줄여줍니다. 그리고 수직과 수평선을 일정하게 맞추기도 쉬우며, 아웃포커스도 더 많이 발생하여 배경 정리가 깔끔하게 잘 됩니다. 이런 이유로 오피스룩이나, 미시/마담 촬영에서 깔끔한 배경을 만들기 위해 망원 렌즈를 많이 사용하게 됩니다. 그리고 파파라치 촬영에서는 먼 거리의 모델을 당겨 찍기 위함입니다.

> **TIP 표정이 주는 신뢰**
>
> 사람의 얼굴에는 표정이 있습니다. 마음의 표현이라 볼 수도 있고요. 그렇다면, 쇼핑몰 사진에서는 어떤 표정을 지어야 좋을까요? 10대 쇼핑몰에서는 신나거나 밝은 표정이 좋을 수 있습니다. 러블리 원피스를 주력으로 판매하는 곳이라면 부드러우면서 환한 미소도 좋을 수 있습니다. 헐리웃 스타일의 경우는 시크하고, 도도한 표정이 잘 어울릴 수 있습니다. 미시나 마담 스타일의 경우는 아무래도 연령대가 높으니 신뢰감을 주는 온화한 미소가 좋을 수 있습니다. 표정이란 것이 너무 주관적이라 정해진 것은 없지만, 우리들의 주요 고객들은 어떤 표정을 좋아할지 생각해 보고, 반영해 볼 수 있는 부분입니다.

Canon 5D Mark III + EF 70-200mm F/2.8 II, 매뉴얼 모드, 1/200초, F/2.8, ISO 250

사진의 표정이 여유롭고 따뜻한 마음에서 나오는 표정이라면 사진을 보고 있는 사람도 비슷한 감정을 느낄 것입니다.

> **TIP 아웃포커스는 뒤에 배경만 날아간다?**
>
> 보통 아웃포커스 또는 아웃포커싱이라고 하면 뒤에 보이는 배경이 뿌옇게 날아가서 피사체만 돋보이게 해주는 것으로 생각합니다. 맞는 말입니다. 하지만, 뒤에 배경만 날아가는 것뿐만 아니라 피사체 앞쪽으로 걸쳐져 있는 요소도 뿌옇게 날아갑니다. 단지 피사체를 담기 위해서 무의식적으로 피사체 앞은 비워두는 프레이밍으로 촬영하기 때문에 잘 볼 수가 없을 뿐입니다. 하지만 피사체 앞을 배경이나 사물들로 살짝 걸려 있게 하면 새로운 아웃포커싱을 경험하게 됩니다. 포토그래퍼들 용어로는 '걸쳐 찍기'라고도 부릅니다.

> **미시/마담 스타일 촬영 요약**
>
> 고객 연령대가 높고, 다채로움보다는 심플함과 깨끗함, 그리고 고급스러움을 선호합니다. 그래서 복잡한 배경보다는 깔끔한 배경, 고급스러운 배경에서 촬영하는 것이 더 유리합니다. 모델은 가벼운 동작과 포즈를 취하며, 편안한 미소를 지어 보는 이들에게 신뢰감을 주는 것이 좋습니다. 이런 촬영에는 망원 계열의 렌즈로 아웃포커스 효과를 통해 배경을 깔끔하게 만들고, 심플하고, 반듯한 구도를 이용합니다. 배경에 꽃과 풀 등 식물도 함께 담아 보는 것도 괜찮습니다.

|05| 데일리 스타일 쇼핑몰

데일리(Daily)는 '매일매일의', '일상의'라는 의미입니다. 데일리 스타일은 특별한 날에만 이용하는 것이 아니라 일상에서 이용되는 스타일입니다. 직장인에게는 출퇴근(정장을 입지 않는 경우) 복장일 수 있고, 대학생이라면 학교에 입고 다니는 스타일로 볼 수 있습니다. 그리고 친구들을 만날 때나 연인과 데이트를 할 때에도 말이죠. 이렇듯 특별한 날에 챙겨 입는 옷이 아니라 평범한 일상에서의 옷과 스타일이 데일리 스타일이라 하겠습니다. 그렇다 보니 촬영도 특별한 장소에서 보다 일상적인 거리나, 마트, 마트 주차장, 카페 등 우리들과 친근한 곳에서 가벼운 느낌으로 촬영되곤 합니다. 그리고 데일리 스타일과 상반되는 개념으로 하객 패션, 파티룩, 면접 복장처럼 특별한 날에 입는 스타일도 있습니다.

데일리 촬영처럼 자연스러운 일상을 잘 담기 위해서는 대단한 카메라 장비나 특별한 세팅보다는 친근하게 다가갈 수 있고 편안한 환경을 만드는 것이 좋습니다. 그러다 보니, DSLR 카메라보다는 미러리스나 스마트폰이 많이 이용되며, 스튜디오보다는 카페나 레스토랑, 마트 등에서도 종종 촬영하기도 합니다.

: 데일리 촬영을 위한 장비의 선택

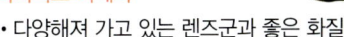

미러리스 카메라
- 다양해져 가고 있는 렌즈군과 좋은 화질
- 작은 크기와 가벼움
- 셔터 소리가 작거나 무음 촬영 가능
- 라이브뷰(액정 보며 촬영하기) 성능이 좋음
- 주변사람들이 크게 의식하지 않음
- 작아진 크기로 인해 불편할 수 있는 인터페이스
- 전자식 뷰파인더나 LCD만 있기에 실물이 보이는 광학식 뷰파인더와의 이질감과 비교적 높은 배터리 소비율

DSLR 카메라
- 다양한 렌즈군과 좋은 화질
- 직관적인 인터페이스로 신속한 조작
- 광학식 뷰파인더 탑재
- 비교적 크고 무거움
- 셔터 소리가 큼
- 라이브뷰 촬영은 미러리스보다 성능이 떨어짐
- 주변사람들이 카메라를 의식하기니 피함

DSLR이 주는 장점이 많이 있습니다만, 결국 일상에 섞여서 촬영하기에는 작고 조용한 카메라가 유용한 것은 분명한 사실입니다. 그래서 최근에는 스마트폰 촬영 비율도 많이진 상황입니다.

과연 휴대전화로 쇼핑몰 촬영이 가능할까?

최근에 '쇼핑몰 촬영을 휴대전화로 가능할까요?'라는 쇼핑몰 초보 사장님들의 질문을 많이 받고 있습니다. 스마트폰 카메라는 데일리 촬영에는 분명 유리합니다. 그렇지만, 2016년도 이후에나 나온 중·고급형의 스마트폰은 되어야 쓸만하고, 오래된 스마트폰이거나 저가형일 경우 화질이 떨어져서 불리합니다.

신형 스마트폰이 데일리한 쇼핑몰 촬영에서 유리한 점
- 작은 크기와 최고의 휴대성으로 어디에서든 편하다.
- 크기는 카메라보다 작은 대신 화면은 더 크다.
- 부담스럽지 않은 광각 영역대인 24mm에서 28mm 화각으로 보이는 점이 편안한 사진을 촬영하기에 유리하다.
- 1천만 화소가 넘어가다 보니 사진을 후보정할 수 있는 여유가 있다.
- 어플로 보정이 가능하다.
- 모델, 촬영자, 주변 행인들까지 카메라에 대한 부담감이 없다.

스마트폰의 여러 장점들 때문에 이제는 전문 촬영 영역까지 들어와 버렸습니다만, DSLR이나 미러리스보다는 화질적으로 부족한 부분들이 아직은 많습니다. 인지도 없는 신규 쇼핑몰이 스마트폰으로만 촬영하고, 후보정도 없이 업로드하고, 상품의 종류도 적고, 오픈한지 얼마되지 않았는데 제품 이미지 퀄리티까지 떨어지게 된다면, 쇼핑몰의 신뢰도에도 영향을 미칠 수 있습니다. 그래서 괜찮은 이미지를 DSLR이나 미러리스로 만들고, 보조 개념으로 스마트폰을 활용하는 것이 좋습니다.

일상 느낌 담기

데일리 스타일에 담아야 하는 일상 느낌의 사진은 무엇일까요? 예를 들어서 '이번 코디들은 남친과 데이트할 때 편히 입고 나가는 컨셉이다'라고 하면, 데이트 코스가 될법한 곳들을 다니면서 촬영을 할 수가 있습니다. 그리고 모처럼 동기들과 모임을 맛집과 디저트 카페에서 하기로 했다면, 음식점과 카페에서 가볍게 일상적인 느낌을 담을 수 있습니다.

> **TIP 카페, 음식점에서의 촬영**
>
> 많은 쇼핑몰들이 카페나 음식점 등에서 촬영할 때 사전 허가를 받고 촬영을 합니다. 대관료를 내고 촬영하기도 하며, 대관료는 없지만 SNS에 홍보해주는 조건이나, 카페의 시그니처 제품을 구매하는 조건으로 촬영을 하기도 합니다. 아무래도 여러 일반 손님들이 이용하는 장소이니 만큼 민폐를 끼치는 것을 카페업주들은 좋아하지 않기 때문에 그 댓가를 대관 비용으로 받던지, 특정 시간을 피하는 방법으로 이용할 수 있습니다(주로 오전에 가능한 곳이 많음). 그리고 카페 내 직원이나 손님들의 모습은 최대한 담기지 않아야 합니다.

파파라치 스타일의 사진과 데일리 스타일 사진의 공통점이 있습니다. 바로 모델이 포즈를 취한다는 개념보다는 자연스러운 움직임이 있는 모습을 담는다는 것입니다. 차이점이라면 데일리 촬영은 가까이에서 마주 보는 상대를 편안하게 담은 사진이고, 파파라치 사진은 몰래 훔쳐 담은 사진이라는 것입니다. 그래서 데일리 사진은 자연스러움과 마주 보고 있는, 가까이에서 일상을 담아둔 느낌을 살리는 촬영을 하며 눈이 편안한 가로컷 사진들의 비중이 더 많이 들어갑니다.

비슷한 사진이 한 장 한 장 모이게 되면 스토리텔링을 할 수 있습니다.

그리고 여러 장의 사진들이 이어지는 스토리텔링 방식으로 촬영할 수 있습니다. 스토리텔링이라는 말에서 주제나 이야기를 담기 위해서 어렵게 생각할 수 있지만, 위의 사진처럼 장갑 벗는 모습 한 장, 휴대전화에 걸려온 전화를 확인하는 모습 한 장, 통화하면서 웃는 모습 한 장을 연결하여 짧지만 재미있는 스토리텔링 사진을 만들 수 있습니다.

> **TIP 가벼운 예시 한 줄로 쉬운 스토리텔링 사진 만들기**
>
> - 의자에 가방을 두고, 쿠션을 꺼내서 화장을 고칩니다.
> - 카운터에서 커피를 주문하고, 잠시 후 픽업대에 가서 음료를 들고, 자기 자리로 와서 마십니다.
>
> 아주 짧은 상황에 맞게 사진 한 장씩만 담겨도 이야기를 쉽게 만들 수 있습니다.

FujiFilm X100F(렌즈 일체형 카메라), 조리개 우선 모드, 1/80초, F/2.2, ISO 2500

보통 흔들린 사진은 실패한 사진(망친 사진)으로 분류하는 경우가 많지만, 생동감과 활동성이 드러나는 경우에는 흔들린 사진도 좋은 사진이 될 수 있습니다.

셔터스피드가 1/80초로 약간 흔들리게 찍힌 사진입니다. 하지만, 약간의 흔들림이 현장감, 움직임의 생동감을 줄 수도 있기에 블러가 들어간 사진을 사용하기도 합니다.

: 소품 활용과 현장 분위기

데일리 촬영에서 소품이 차지하는 비중은 높습니다. 모든 소품 하나가 자연스러운 행동을 하는 소재가 됩니다.

- 책: 책을 본다. 책을 든다. 책을 보며 생각에 잠긴다.
- 컵: 컵을 들고 음료를 마신다. 겨울철엔 두 손으로 잡고 컵에 입을 대고 호호 불어본다.
- 가방: 가방을 내려놓는다. 가방 속 소품을 꺼낸다.
- 스마트폰: 폰을 본다. 전화를 건다. 사진을 찍는다.

이렇듯 작은 소품 하나를 출현시켜 보면 더 자연스럽고, 일상적인 느낌을 표현할 수 있습니다.

Nikon D5 + AF24-70mm F/2.8 VR, 매뉴얼 모드, 1/200초, F/2.8, ISO 2000

촬영하는 현장의 조명이나 색감, 분위기를 담는 것이 데일리 촬영에서는 중요한 부분입니다. 분위기 좋은 카페에서 지인들과 커피 마시고, 대화하고, 디저트를 먹는 그 즐거운 시간을 사진에서 표현할 때는 분명 노랗고 따스한 조명의 카페 실내였습니다. 하지만 화이트 밸런스를 딱 맞춰 잡아 내어 따스한 느낌을 없애거나 은은하게 어두운 분위기의 장소를 너무 환하게 잘 보이는 밝기로 표현해 버린다면 현장 분위기를 잘 담았다고 할 수 없을 것입니다. 그것은 그 사진을 보는 이들로 하여금 분위기가 좋은 장소로 데려다 줄 수 없습니다. 화이트 밸런스가 조금 덜 맞더라도, 때론 좀 어둡더라도 그 분위기에 함께 있는 공감을 주는 것이 데일리 촬영에 반영해야 할 부분입니다.

아이폰7 / 스마트폰 카메라는 빠르게 현장의 분위기를 담기에 좋은 도구입니다.

사진은 어두워도, 화이트 밸런스는 틀어졌어도, 노이즈는 많아도, 아웃포커싱이 되어 있지 않았어도 그 현장의 분위기가 잘 담겨 있다면, 사진을 보는 이도 "나도 이번 주말에 쇼핑몰 사진 속 모델이 입은 옷차림으로 지인들과 모여 즐거운 시간을 가져야겠다"하는 공감을 줄 수 있을 것입니다.

아이폰7 / 주문한 메뉴를 기다리면서 앞에 앉은 친구의 모습을 가볍게 담은 느낌이며, 전문적인 사진 결과물 느낌이 아닐 수 있지만, 그래도 다정한 느낌, 편안한 느낌이 살아 있다면 데일리 쇼핑몰 사진으로 충분히 좋습니다.

이렇게 데일리 스타일 촬영은 좋은 분위기와 일상을 근접해서 보여줍니다. 마치 나와 함께 있는 지인이 바로 앞에서 나를 보듯, 내가 오늘 만나고 있는 친구를 앞에서 보듯 말이죠. 그래서 근접 촬영을 잘 표현하기 위해서는 망원 렌즈보다는 광각 계열의 렌즈로 가까이에서 촬영하는 것이 훨씬 유리합니다.

데일리 촬영을 위한 망원과 광각 렌즈 비교

구분	망원 줌렌즈	광각 줌렌즈
가볍게 사용 가능한가?	무겁고, 부피가 크다.	줌렌즈 중에서는 가벼운 편이다.
일상적 환경의 분위기를 잘 담을 수 있는가?	피사체는 잘 보일 수 있으나 전체적인 분위기를 잘 담기에는 어렵다.	광각 렌즈의 특성상 넓게 나오기에 촬영 장소의 분위기도 잘 잡을 수 있다.
좁은 환경(실내)에서의 활용도가 좋은가?	좁은 곳에서는 전신을 담기 어렵거나 렌즈 특성상 1미터 이상의 거리부터 초점이 잡히는 관계로 좁은 실내 사용이 매우 힘들다.	30cm 거리부터 초점이 잡히며, 2~3미터 거리의 이내에서 전신을 모두 담아 촬영할 수 있어서 활용도가 높다.

Canon 5D Mark III + EF 24mm F/1.4 L, 매뉴얼 모드, 1/160초, F/1.4, ISO 800

광각 렌즈로 가까이 다가가 보세요.

광각 렌즈는 아주 가까이 다가가도 상반신 촬영이 충분하고, 표정도 잘 보여서 가까이 마주 보고 있는 느낌의 표현이 잘 됩니다.

풀 프레임 카메라의 경우 광각 렌즈를 보면 16-35mm가 가장 많이 사용되는 화각대의 광각 줌렌즈입니다. 하지만 직접 촬영을 하다 보면 16mm에서 18mm 사이의 화각대는 왜곡도 심하고, 너무 넓어 부담스럽습니다. 그래서 19~25mm 사이가 평균적으로 많이 활용되는 광각 영역대입니다. 크롭(Crop) 바디 카메라의 광각 줌렌즈는 10-18mm나 12-24mm 영역의 렌즈들이 있지만, 최대 광각의 영역인 10~13mm보다 14~18mm 영역대가 더 많이 이용됩니다.

> **TIP 광각 렌즈로 데일리 스타일 쉽게 촬영하기**
>
> 생각했던 것보다 더 많이 다가가 봅니다. 화면에 피사체가 가득 찰 것 같아도 광각 렌즈는 배경이 여유로운 경우가 많습니다. 그리고 위에서 내려다보는 느낌의 하이 앵글로 잡아서 촬영해 보세요. 피사체와 촬영자가 가까이에 함께 있는 느낌이 듭니다.

FujiFilm X100F(렌즈 일체형 카메라), 조리개 우선 모드, 1/100초, F/2.2, ISO 800

무소음 모드 촬영으로 다양한 장소를 이용할 수 있습니다.

데일리 스타일 촬영 때 불가피하게 정숙해야 하는 장소에서 촬영할 경우에는 미러리스의 무소음 모드를 이용하거나 스마트폰의 경우는 무음 모드가 있는 어플을 사용하는 것이 유리합니다. 대형몰/마트의 촬영은 마케팅팀이나 고객지원팀의 사전 협의를 통해서 허가를 받아 둔다면 부담없이 촬영을 할 수가 있습니다(비용 발생). 그래도 항상 타인의 얼굴이나, 몰 내부의 여러 매장 브랜드명이 훤히 들어가게 하는 촬영, 저작권이 있는 전시물들은 특별히 주의를 기울여야겠습니다.

데일리 스타일 촬영 요약
일상의 현장감을 잘 담는 것이 중요합니다. 그러다 보니 가벼운 카메라가 활용하기 편하며, 주로 광각 렌즈를 이용해서 가까이 근접하여 촬영합니다. 상대방을 바로 앞에서 보고 있는 느낌이 들 정도로 말입니다. 그렇게 옷도 잘 보이면서 현장의 좋은 분위기도 잘 드러나게 촬영될 때 고객들에게 일상의 공감을 줄 수 있습니다.

나의 촬영 방향 설정

|01| 자사 쇼핑몰의 포지셔닝과 유형 분석을 통한 촬영 방향 설정

우리는 앞서 '쇼핑몰의 제품은 어떠한 스타일인가? 가격은 어느 정도 가격대에 설정되어 있는가? 선호하는 연령대는 어떠한가?'의 물음을 통해서 자사몰의 포지셔닝에 관해서 알아보았습니다. 그러면 그 포지셔닝과 의류 스타일에 맞게 유형 분석과 촬영 방향을 가상의 질의응답을 통해 설정해 보겠습니다.

"이번에 온라인 의류 쇼핑몰을 오픈 준비 중인 A창업자님을 만나보겠습니다."
"어떤 아이템들을 주력으로 팔 계획이신가요?"

> A창업자: "니트, 맨투맨, 집업처럼 박시(Boxy)하게 입는 상의가 주력이구요. 스커트보다는 청바지로 매칭을 시키는 코디로 청바지도 함께 팔 계획입니다."

"그러면 창업자님의 제품들을 어떤 분들이 구매하기를 원하시는지 생각해보았나요?"

> A창업자: "10대들도 입을 수 있겠지만, 주로 대학생들이나 젊은 직장인들을 타깃으로 생각해 봤어요! 직장인들 중에서는 출퇴근을 할 때 좀 자유로운 복장이 가능한 분들이 될 것 같아요."

"아무래도 중요한 부분이 또 제품의 가격 아니겠습니까? 가격대는 어떻게 책정을 하고 있나요?"

> A창업자: "니트나 맨투맨, 그리고 청바지들이 주력이 된다고 해서 너무 재질이 떨어지는 것은 피하고 싶어요. 1만 원, 2만 원대보다는 3만 원에서 5만 원대의 중가로 퀄리티가 제법 괜찮은 제품들로 구상하고 있습니다."

의류 쇼핑몰 창업을 위한 요소별 컨셉 설정

아이템	연령대	스타일	가격대
여성 의류 니트, 맨투맨, 집업, 청바지	20대 초반부터 30대 초반	데일리함과 캐주얼	3~5만 원대가 주력

이렇게 어렵지 않게 자신이 준비하는 쇼핑몰의 마케팅적 요소를 나눠볼 수 있습니다. 이 요소들을 기반으로 촬영을 어떻게 해 나가야 할지 정할 수 있습니다. 그냥 잘 찍는 사진이나, 선명한 사진이 아니라 우리 쇼핑몰의 타깃층 고객이 선호하는 이미지와 컨셉으로 표현된 사진이야말로 매출에 긍정적인 영향을 주는 사진입니다.

의류 스타일에 따른 장비, 촬영 기법, 장소 선택 요약

의류 스타일	장비	촬영 기법	장소
오피스룩	DSLR과 망원 계열의 렌즈 및 표준 렌즈를 주로 사용	퀄리티와 고급스러움을 표현하기 위해서 아웃포커스가 많이 생기게 세팅하여, 깔끔함이 유지될 수 있게 촬영	깨끗하고 고급스러운 스튜디오, 깔끔한 빌딩 외벽, 고급 카페 대관
10대, 캐주얼	DSLR이나 미러리스 상관없이 그들의 즐거운 느낌을 포착하기 쉬운 초점이 빠른 카메라와 렌즈, 표준 계열 및 광각 렌즈 사용	다양한 화각과 구도를 이용해서 지루하지 않은 사진들을 찍거나, 카메라를 응시하며 소통하는 느낌도 연출	여백이 많고 심플한, 빈티지한, 컬러풀한 스튜디오 및 핫플레이스 거리, 동네 골목 등 가리는 곳 없이 촬영
미시, 마담 스타일	오피스룩처럼 안정적이고, 깔끔함을 유지하기 위해 오피스룩과 비슷한 장비 사용	안정적인 화각과 편안한 피사체를 보여주기 위한 아웃포커스가 많이 생기게 촬영. 광각 계열의 렌즈는 피하는 편	편안함이 느껴지는 스튜디오나 카페 대관, 잘 정리되어 있는 거리를 선택
데일리 스타일	일상 속에서 스타일이 잘 드러나는 근접 촬영이 많다 보니 미러리스나 휴대전화 활용이 높고, 광각 계열 렌즈를 많이 이용	행동이 잘 드러나는, 일상의 움직임 동작이 잘 보이는 연속적인 촬영과 광각 렌즈로 가까이에서 가볍게 쳐다보거나 내려보고 있는 사진, 전신이 다 나오게 하여 행동 동선이 충분히 드러나게 촬영	렌탈 스튜디오 느낌은 데일리 스타일에는 어색할 수 있어서 카페 및 레스토랑 대관 및 카페 거리 등에서 촬영
헐리웃 패션, 스트리트 패션	자연스러운 파파라치 촬영을 위해서는 연사가 좋은 DSLR과 망원 렌즈 조합이 유리함	포즈없이 행동과 동선으로 이어지는 연속적인 촬영을 위해 망원 렌즈와 연사 모드를 이용해서 촬영. 몰래 촬영하고 있다는 감정 이입을 위해 멀리 숨어서도 촬영	번화한 스트리트를 주로 이용하지만, 사람들이 너무 많은 곳이나, 도로 간격이 너무 좁은 곳은 피해서 촬영

장비, 촬영 기법, 장소 등을 위와 같이 정리를 하였다고 해서 마치 꼭 지켜야 하는 법칙처럼 생각하지는 말아야 할 것입니다. 사진이라는 장르는 아주 주관적이고, 촬영자의 감성, 편집자의 감성, 코디와 스타일리스트들의 감성이란 것도 주관적이며, 특히 구매를 하는 고객의 심리나 감성도 주관적

입니다. 이런 주관적인 부분들을 고려하지 않고, 촬영 유형만으로 하는 촬영은 자칫 획일된 결과물만을 만들 수 있기 때문에 여러 유형들을 참고로 하여 자신만의 방법으로 촬영하며 자사몰에 생겨나는 고객이 선호하는 방법으로 가꿔나가는 촬영을 해야겠습니다.

|02| 모델 선정 및 모델 컨셉

모델 선정에서 중요한 것은 당연히 코디된 의류 및 액세서리의 소화 능력입니다. 1차적으로 보이는 부분으로 키, 몸매, 얼굴, 피부톤 등이 있으며, 2차적으로 표현하는 부분으로서 표정, 옷의 장점을 표현하기 위한 포즈, 걷거나 여러 움직임들이 있는 행동들입니다. 이런 부분들이 종합적으로 모여 모델이 얼마나 잘 표현해 주느냐에 따라 제품과 코디가 더욱 빛이 날 수도 있고, 모자랄 수도 있습니다. 1차적 부분들의 보완은 헤어 메이크업과 포토샵으로 할 수 있지만, 2차적인 부분은 그렇지 않기에 모델에게 우리 제품의 표현 방법에 관해서 계속적인 피드백을 주어야 하며 눈으로 볼 수 있는 자료들을 모아 보여주는 것이 좋습니다.

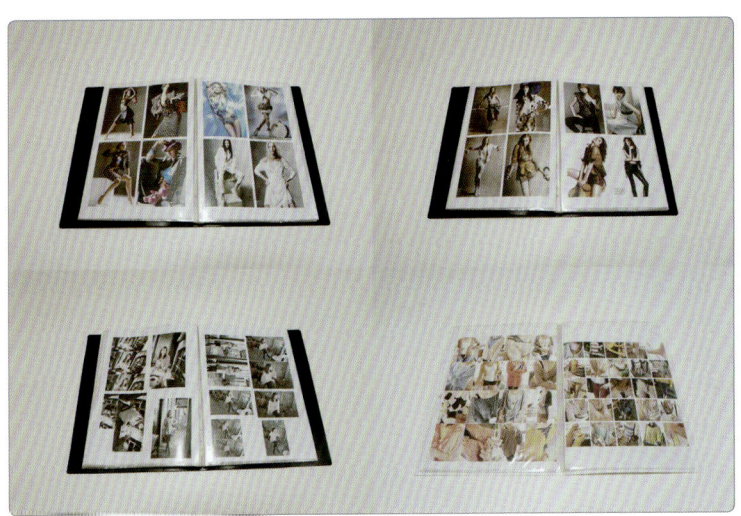

▲ 회사의 방향과 추구하는 이미지들의 스크랩(포즈북)

> **TIP 파트별 이미지 스크랩**
>
> 모델의 포즈나 표정을 위한 스크랩, 카메라 구도와 앵글을 위한 스크랩, 제품의 디테일 컷을 위한 스크랩, 홈페이지 디자인 및 썸네일을 위한 스크랩, 색감 및 상세 페이지를 위한 스크랩 등 전 분야에 걸쳐서 회사의 방향에 알맞은 이미지들을 꾸준히 스크랩해 둔다면, 회사의 방향성과 추구하는 이미지들을 쉽게 파악할 수 있습니다. 그래서 외부 인원들(프리랜서)과 작업을 할 때 스크랩해둔 이미지의 공유만으로도 회사가 원하는 결과물에 좀 더 쉽게 다가갈 수 있습니다.

모델 선정 체크 리스트

키	우리 아이템을 잘 소화할 수 있는 키인가? • 팔 길이, 다리 길이가 주력 아이템에 적합한지? • 판매 연령대와 회사 컨셉과 잘 매칭이 되는 신장인지?
헤어	헤어가 주는 분위기와 스타일링이 어느 정도 가능한가? • 숏컷인가? 긴 머리인가? 어느 정도의 길이인가? • 머리색이 밝은가? 어두운가? • 앞머리의 유무는?
피부톤	피부톤의 밝기는? • 밝은 옷들은 화사한 피부톤, 어두운 옷들은 다소 다운된 어두운 톤의 피부가 잘 소화함 • 모델 두 명 이상을 촬영할 때는 피부톤이 비슷한 모델이면 보정할 때 좀 더 유리할 수 있음

그 외 경력, 페이 부분도 모델을 선정할 때 중요한 부분이므로 꼼꼼히 체크해야 합니다.

모델 선정이 되고 나면, 자사 쇼핑몰의 모델로서 촬영할 때 어떻게 우리의 제품을 표현해줄지 세부 설정을 하게 됩니다.

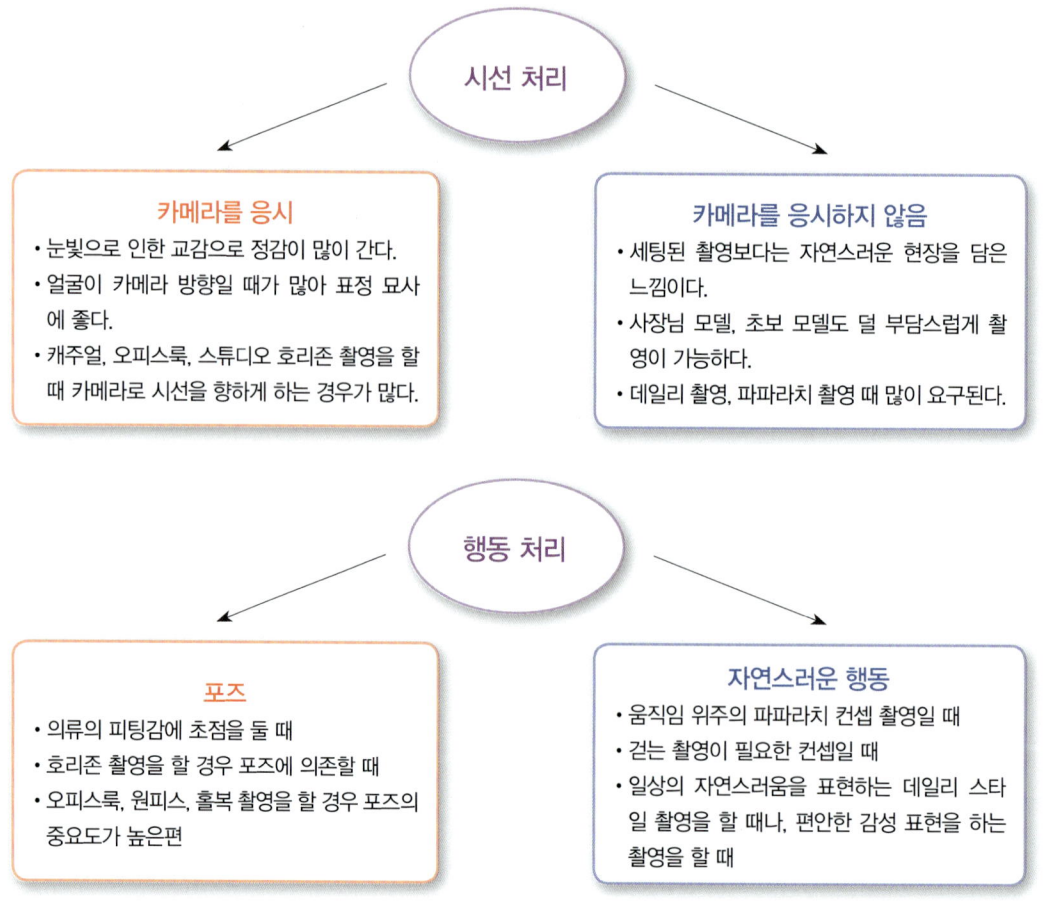

> **TIP** 촬영 전 모델에게 요구하는 모델 설정 예시
>
> 모델님! 저희는 자연스러운 데일리 촬영이다 보니, 포즈 없이 액세서리나 주변 사물을 이용하여 행동하는 자연스러운 느낌으로 촬영할 것이고요. 그리고 △△△△.com 과 ○○○.co.kr 여기를 많이 벤치마킹하고 있으니 촬영 전에 많이 봐주시면 될 것 같습니다. 메이크업은 캡처해서 보내드린 것처럼 하시고요. 헤어는 컬을 좀 크게 해주시면 좋겠습니다. 이미지 사진 몇 장 또 보내드려 볼게요.

이 정도만이라도 모델에게 요구하고, 협의하여 촬영한 후 피드백을 통해서 이미지 개선을 해나간다면 충분히 자사몰과 모델과의 좋은 결과물을 만들어 낼 수 있을 것입니다.

CHAPTER

YOU ARE
A REASON TO
04
smile

스튜디오 촬영과 조명

Section 01 스튜디오 조명과 보조 장비
Section 02 제품 촬영 Know & How
Section 03 조명을 이용한 모델 촬영

스튜디오 조명과 보조 장비

|01| 스튜디오 조명의 종류와 빛의 효과

사실 스튜디오 조명이라는 것이 정식 명칭은 아니지만, 우리들이 사용하는 스튜디오에서 주로 이용되기에 스튜디오 조명이라고 편히 부르겠습니다.

사무실을 스튜디오로 꾸며 조명을 이용하는 경우나 렌탈 스튜디오를 이용하게 될 때 가장 어렵게 느끼는 부분이 바로 스튜디오 조명의 조작과 사용입니다. 크기도 커 보일 뿐 아니라 광량 조절, 조명용 액세서리들의 사용 등 낯선 부분을 컨트롤해야 하기 때문입니다.

쉽게 다가갈 수 있는 방법은 "조명은 밝기만 하면 그만이야!", "조명과 함께 사용하는 도구들은 빛을 거칠거나 부드럽게 할 뿐이야!", "조명의 위치 선정은 그림자가 어떤 방향으로 생기는지 확인만 해!" 이런 마음으로 쉽게 살펴보도록 하겠습니다.

: 사각 소프트 박스(Rectangular Soft Box)

- 이름 그대로 빛을 부드럽게 만들어주는 역할을 합니다.
- 가장 대중적으로 사용되며, 각도나 위치 조정에 따른 변화가 상대적으로 적어 운용하기 쉬운 편입니다.

- 메인 조명으로 사용할 때 전신까지 충분히 촬영하기 위해서는 소프트 박스 크기가 800mm×1200mm 이상은 되어야 합니다.

스트립 소프트 박스(Strip Soft Box)

- 소프트 박스와 같이 부드러운 빛을 만들어 내지만, 얇고 긴 모양 때문에 좁은 빛 퍼짐을 사용하고자 할 때 이용됩니다.
- 빛을 발광하는 면적이 적기 때문에 메인용보다는 보조 조명용으로 주로 이용됩니다.

리플렉터(Reflector)

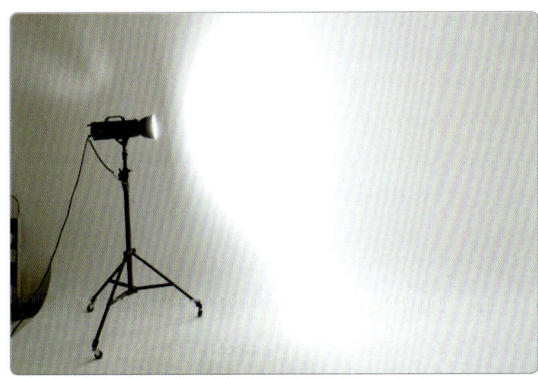

- 조명의 튜브(램프)가 만들어내는 빛을 리플렉터 내부의 반사면으로 반사시켜 강한 빛을 만들어 줍니다.
- 소프트 박스에서 나오는 빛보다 강도가 세며, 콘트리스트가 높은 빛이 됩니다.
- 천장/벽 바운스 촬영을 할 때에도 많이 사용되며, 허니컴과 엄브렐러와의 조합으로도 많이 이용됩니다.

뷰티 디쉬(Beauty Dish)

- 소프트 박스보다는 빛이 강하고, 콘트라스트가 높은 반면, 리플렉터보다는 덜 강하면서, 빛은 충분히 넓게 퍼집니다.
- 이름처럼 아름다운 인물 사진, 코스메틱 촬영처럼 선명하면서 질감을 살릴 수 있는 작업에서 많이 이용됩니다.
- 허니컴이나 디퓨져(빛투과용 흰색 천)를 조합하여 촬영하는 경우도 많습니다.
- 눈동자에 생기는 캐치아이(Catch Eye)가 원형으로 나와 촬영을 할 때 눈동자를 더욱 예쁘게 만들어 줍니다.

> **TIP 이럴 땐 이 조명!**
> - 부드럽게 표현할 인물 사진, 제품 사진을 촬영할 때: 소프트 박스 사용
> - 강한 그림자와 콘트라스트를 표현하고 싶을 때: 리플렉터+허니컴 사용
> - 콘택트 렌즈나 컬러 렌즈를 모델이 착용한 모습을 촬영할 때: 뷰티 디쉬 사용
> - 반사가 일어나는 제품을 촬영할 때: 최대한 큰 소프트 박스를 반사 제품과 가깝게 배치하여 사용

|02| 보조 장비의 종류와 빛의 효과

: 허니컴(Honey comb)

10도 각도로 빛이 퍼지는 허니컴

10도 허니컴의 빛이 퍼지는 정도

20도 각도로 빛이 퍼지는 허니컴

20도 허니컴의 빛이 퍼지는 정도

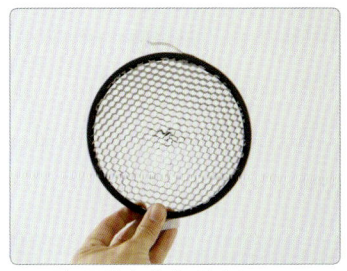
40도 각도로 빛이 퍼지는 허니컴

40도 허니컴의 빛이 퍼지는 정도

- 장비 모습과 이름에서 알 수 있듯이 벌집 모양으로 되어 있어 허니컴이고, 리플렉터와의 조합으로 사용됩니다.

- 직진으로만 가는 빛을 통과시켜 선명한 그림자와 높은 콘트라스트를 만들어 주며, 퍼지는 빛을 줄여줌으로써 빛의 환산 범위를 정할 수 있습니다.
- 10도, 20도, 30도, 40도 등의 각도로 빛이 퍼지게 되는데, 평균적으로 30도, 40도 제품이 가장 무난하고, 많이 사용됩니다.

그리드(Grid)

- 그리드는 허니컴처럼 직진하는 빛만 통과를 시키지만, 소프트 박스와의 조합으로 사용되기 때문에 부드러운 빛을 직진성이 높게 할 때 사용됩니다(소프트 박스 조합으로만 사용 가능).
- 인물 사진, 음식 사진을 촬영할 때 많이 이용됩니다.

|03| 스튜디오 조명의 광량 조절하기

스튜디오 조명은 상당수가 500W(와트), 600W가 많습니다. 특별한 이유가 있기보다는 가격대 성능비 면에서 좋으며, 광량도 약하지 않고, 광량 조절의 폭이 넓은 편이기 때문입니다. 그러나 스튜디오에서나 조명을 구매해서 사용할 때 어떻게 조명을 다뤄야 하는지 많은 분들이 어려워합니다. 그 중에서도 가장 기본이면서 어려울 수 있는 광량 조절 부분을 보겠습니다.

광량 (단계별 1스탑 차이)	아날로그식 광량 표시 (600W)	디지털식 광량 표시 (600W)
600와트 (Full)		

광량 (단계별 1스탑 차이)	아날로그식 광량 표시 (600W)	디지털식 광량 표시 (600W)
300와트 (1/2)		9.0
150와트 (1/4)		8.0
75와트 (1/8)		7.0
37와트 (1/16)		6.0
18와트 (1/32)		5.0
9와트 (1/64)		4.0

풀 발광량은 600W부터 최소 발광량인 10W급까지 조절할 수 있습니다. 그렇다면 우리는 어떤 광량을 사용해야 할까요? 촬영의 목적과 빛이 비춰질 범위, 카메라 세팅에 따라 너무도 다양한 광량이 사용될 수 있기에 콕 집어 말하기는 분명 어렵습니다.

요즘에 전자제품들을 사면 퀵 가이드가 들어 있는 것을 볼 수 있습니다. 세부적인 기능은 많지만, 이 정도의 컨트롤만 해도 기본적인 기능들은 사용할 수 있다는 간략 매뉴얼을 뜻합니다. 그래서 조명 퀵 가이드처럼 어느 정도의 조명 세팅값이면 편히 사용할 수 있는지 살펴보겠습니다.

| 선명도 높은 결과물을 위한 제품을 촬영할 경우 | **조명의 광량 세팅**
아날로그식은 1/4 광량을 기준으로 하고, 디지털식은 8을 기준으로 잡습니다.
촬영 공간의 넓이와 거리에 따라 광량을 적절히 활용해야 합니다.
(조명의 종류와 광량에 따라 차이가 있습니다.) |

광량이 강해질수록 카메라에서는 조리개를 좀 더 조여주게 되므로 선명도 높은 결과물을 얻을 수 있습니다.

| 조금은 얕은 심도의 아웃포커스도 어느 정도 보이기 위한 촬영의 경우 | **조명의 광량 세팅**
아날로그식은 1/16 광량을 기준으로 하고, 디지털식은 6을 기준으로 잡습니다.
촬영 공간의 넓이와 거리에 따라 광량을 적절히 활용해야 합니다.
(조명의 종류와 광량에 따라 차이가 있습니다.) |

광량을 줄여갈수록 카메라에서는 조리개를 더 개방하여 촬영할 수 있기에 아웃포커스 효과가 더 잘 나타나고, 좀 더 부드러운 이미지를 만들 수 있습니다.

: 두 개의 조명 또는 그 이상을 사용할 때 메인 조명과 보조 조명 광량 조절하기

당연한 말이지만, 메인 조명의 광량이 더 강해야 합니다(이 부분도 너무나 다양한 상황과 상황에 따라 차이가 많을 수 있습니다). 그러면 얼마만큼의 차이가 생겨야 적당할까요? 보조 조명을 메인 조명보다 2스탑 어둡게 세팅하는 방법을 많이 쓰고 있습니다.

조명 포지션에 따른 메인/보조 광량

보조광

메인광

모델/마네킹을 바라볼 때의 기준으로 오른쪽 조명을 메인으로 광량은 7로 설정하고, 왼쪽 조명을 보조 조명으로 5를 세팅하였습니다. 광량 차이를 2스탑을 둔 이유는 좌우 양쪽에서 빛이 비슷한 값이 되면 입체감이 떨어지기 때문입니다.

보조광

메인광

왼쪽 정면쪽의 조명이 메인 조명이고, 광량은 7로 두었습니다. 오른쪽 조명은 실루엣을 살리고, 하이라이트 강조를 위해 측면 배치를 하였고, 광량은 5를 세팅하였습니다.

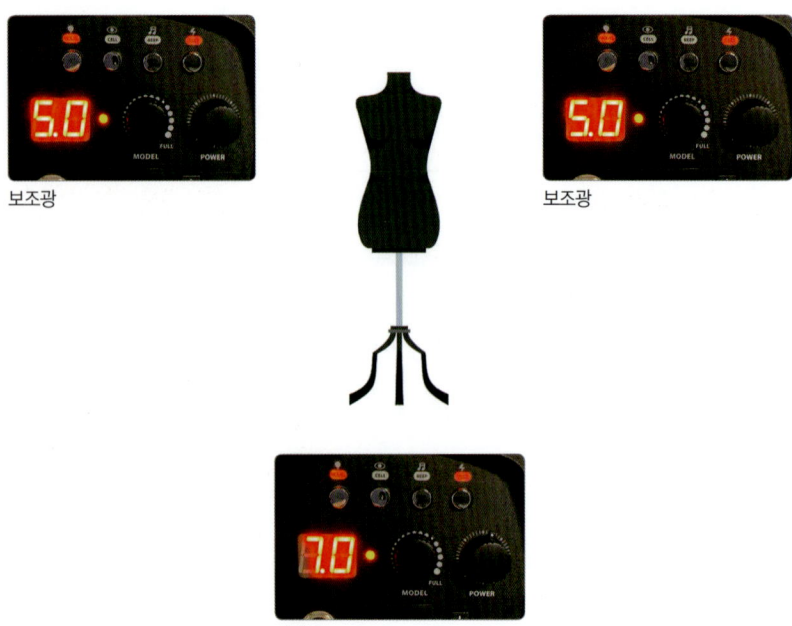

보조광 　　　　　　　　　　　보조광

메인광

순수 정면에서 메인광을 비추게 되면 전반적으로 잘 보일 수 있으나 자칫 밋밋할 수 있습니다. 그래서 좀더 입체적인 느낌을 내기 위해 역광 역할을 위한 보조 조명 두 개를 뒤쪽에 배치하였습니다.

TIP 광량, 조리개, 셔터스피드, ISO 1스탑이란?

- 아날로그 조절식 조명에서 광량 1/2에서 1/4로 변경하면, 1스탑 감소 (광량이 절반이 됨)
- 디지털 조절식 조명에서 광량 5에서 6으로 변경하면, 1스탑 증가 (광량이 배가 됨)
- 조리개 F/4에서 F/5.6으로 1스탑 조이면, 1스탑 감소 (들어오는 빛이 절반으로 줄어듬)
- 셔터스피드 1/200초에서 1/400초로 빨라지면, 1스탑 감소 (빛이 들어오는 시간이 절반이 됨)

|04| 조명 촬영을 위한 카메라 세팅

조명을 이용한 촬영을 할 때 카메라는 M모드에 두고 세팅합니다. 우선 셔터스피드는 1/125초~1/160초를 설정하고, 조리개 값은 촬영자가 선명도가 강하고, 심도 깊은 촬영을 하느냐 아니냐에 따라 다르게 지정합니다. 셔터스피드와 조리개 모두 사용자가 지정한 값으로 촬영해야 하기 때문에 매뉴얼 모드에 두고 촬영해야 합니다.

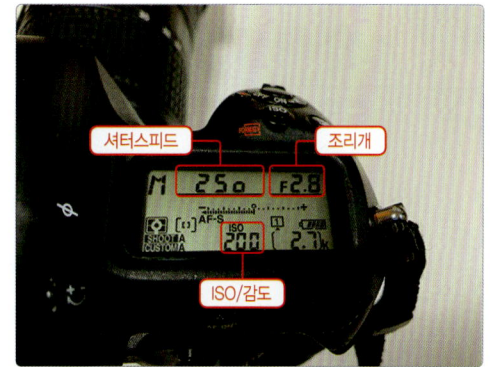

카메라 상단 정보 창에서 확인하고 있는 셔터스피드, 조리개, ISO 값(미러리스나 소형 카메라의 경우 상단 LCD가 없는 경우도 있어서, 후면 LCD에서 확인해야 합니다.)

조명을 사용할 때 매뉴얼 모드에서 셔터스피드는 1/200초 이하의 값을 주로 사용합니다.

셔터스피드가 빨라지게 되면 셔터막의 움직이는 부분마저 촬영되어져서 검은색 띠처럼 나오게 되어 당연히 사용할 수 없는 결과물이 됩니다.

셔터스피드 1/200초

셔터스피드 1/250초

셔터스피드 1/320초

필자의 카메라와 무선 동조기는 가격대가 있어서 그런지 셔터막이 1/320초에서 처음 찍히는 것을 볼 수 있지만, 보급형 카메라나 저가형의 동조기를 사용했을 때 1/200초나 1/250초에서 셔터막이 촬영됩니다. 모든 카메라 및 모든 동조기에서 셔터막이 촬영되지 않는 가장 안전한 셔터스피드는 1/125초, 1/160초입니다. 그리고 당연히 더 느린 셔터스피드도 역시 셔터막이 찍히지는 않지만, 셔터스피드가 느리게 되면, 모션블러와 핸드블러가 발생할 확률이 커지게 됩니다. 그래서 셔터막이 촬영되지 않은 가장 빠른 값의 셔터스피드를 사용하게 됩니다. 그리고 간혹 감도를 AUTO ISO에 두고 사용하는 것을 보게 되는데 조명 촬영에서 AUTO ISO는 알 수 없는 결과물을 만들어 내기에 사용을 무조건 피해야 합니다.

짧은 시간에 셔터를 빨리, 많이 눌러야 하는 촬영에서는 조명의 광량을 강하게 하면 조명의 반복적인 발광과 지연되는 충전 속도로 인해 촬영이 느려지게 됩니다. 그래서 광량은 약하지만, 빠르게 촬영 가능한 조명값을 세팅하고, ISO를 올려서 약해진 광량을 커버하여 촬영합니다.

조명의 빠른 충전 타임으로 연속적인 촬영에 유리한 조명값 (500W~600W급 조명 촬영을 할 경우)

> **TIP** 스튜디오 촬영을 할 때 조명 카메라 세팅 순서
>
> - 피사체(모델/마네킹)에 어떤 각도의 빛을 비춰서 예쁘고 돋보이는 제품으로 표현할지를 구상
> - 피사체의 표현 방법에 따른 조명을 비춰줄 각도 및 위치 선정
> - 결과물의 선명도 및 심도 표현의 구상에 따른 조리개 값 설정 및 조명의 임의 값을 설정(M모드에서 셔터스피드는 1/125초 또는 1/160초로 고정)
> - 테스트 촬영에서 어둡게 나오면 ISO를 올리거나 조명값 밝게 하기
> - 테스트 촬영에서 밝게 나오면 ISO 값 내리기, 조명값 어둡게 하기

제품 촬영
Know & How

|01| 자연광/지속광을 이용한 의류 제품 촬영하기

자연광/지속광으로 촬영한다는 말은 "펑~"하고 터지는 순간광 조명을 사용하지 않고, 태양이나 지속적으로 비춰지는 빛을 이용하여 촬영하는 것을 말합니다.

구분	장점	단점
자연광/지속광	• 노출 잡기가 쉽습니다(액정을 보고 찍는 미러리스 카메라의 경우 더욱 쉽습니다). • 순간광에 비해서 좀 더 부드럽고, 자연스러운 결과물이 나옵니다. • 조명 조작의 부담이 적습니다.	• 작은 차이지만, 꾸준히 노출의 변화가 발생됩니다(날씨에 따른 밝기 변화 포함). • 자연광 촬영은 촬영 시간의 제약을 받습니다(해가 질 경우 불가). • 결과물의 선명도를 최대치로 만들어 내기에 불리합니다(조리개를 많이 닫을 수 없기 때문).

이런 장·단점이 있는 지속광의 특징을 잘 파악하여 자사의 이미지 품질이나, 촬영 여건에 잘 부합되는지를 파악하고 선택할 필요가 있습니다.

삼파장등 2구짜리 9세트가 만들어 내는 은은한 느낌의 지속광 환경

> **TIP 자연광 대체용으로 삼파장 조명을?**
>
> 자연광 대체용 삼파장등을 설치할 때 모든 곳을 잘 비추겠다는 의미로 너무 많은 등을 설치하거나, 좌/우 모든 곳에 등을 설치하게 되면 한쪽에서 자연스럽게 들어오는 빛을 표현하기 힘듭니다. 한쪽 방향에서 들어오는 빛이지만, 넓은 면적에서 골고루 빛을 발산할 수 있는 방법이 더욱 효과적이라고 할 수 있습니다.

Nikon D5 + AF-s 24-70mm F/2.8 VR, 매뉴얼 모드, 1/125초, F/4.5, ISO 500

Nikon D5 + AF-s 24-70mm F/2.8 VR, 매뉴얼 모드, 1/125초, F/5, ISO 500

지속광에서 촬영된 이미지인 만큼 인위적인 빛의 느낌, 번들거리는 느낌이 순간광에 비해 잘 관찰되지 않습니다. 어느 정도 선명도 유지를 위해 최대 개방인 2.8조리개 값보다는 높여서 조리개를 F/4.5와 F/5로 지정했습니다. 셔터스피드는 형광등, 삼파장 조명에서 촬영할 때 발생할 수 있는 플리커 현상을 막기 위해서 1/60초 이하가 좋지만, 손 떨림이 많이 생길 수 있어서 1/125초로 설정하였습니다. 그리고 ISO는 결과물에 살짝 노이즈가 관찰되기 시작하는 800값 이하에서 노출을 맞추며 설정하였습니다. 마지막으로 왜곡 억제를 위해 24-70mm 표준 줌렌즈를 사용할 때 망원 영역대인 60~70mm를 주로 사용하였습니다. 크롭 바디 사용자의 경우 16-50mm, 18-55mm 정도의 표준 줌렌즈를 사용하게 되는데, 이때에도 망원 영역대인 40mm 이상을 사용하는 것이 유리합니다.

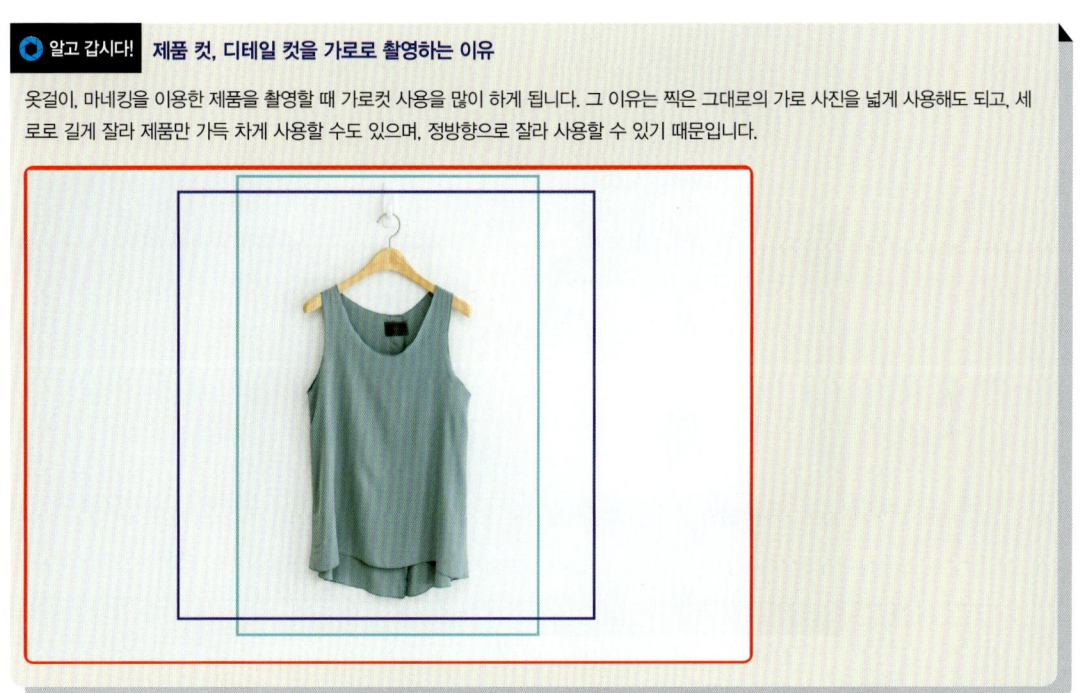

> **알고 갑시다!** 제품 컷, 디테일 컷을 가로로 촬영하는 이유
>
> 옷걸이, 마네킹을 이용한 제품을 촬영할 때 가로컷 사용을 많이 하게 됩니다. 그 이유는 찍은 그대로의 가로 사진을 넓게 사용해도 되고, 세로 길게 잘라 제품만 가득 차게 사용할 수도 있으며, 정방향으로 잘라 사용할 수 있기 때문입니다.

|02| 조명을 이용한 바닥컷 촬영하기

보통 제품 촬영을 할 때 가장 처음으로 '벽을 이용해 촬영할 것인가? 테이블을 이용할 것인가? 바닥에 두고 촬영할 것인가?'를 고민하게 됩니다. 의류 제품들은 마네킹이나 옷걸이를 이용하면 벽을 주로 이용하게 되며, 의류 잡화나 소규모의 제품들은 촬영용 테이블을 이용하여 촬영하게 됩니다. 바닥컷의 경우 의류 제품들을 촬영하는 경우도 있고, 큰 제품을 촬영할 때도 이용됩니다.

바닥컷 촬영은 제품 배치나 구성품과 함께 촬영하기에 유리하며, 넓은 제품 촬영이 가능합니다. 단점으로는 높이 올라가서 촬영을 해야 왜곡이 적으며, 낮은 위치에서 찍을수록 사다리꼴 모양으로 제품이 나오기에 보정을 해 주어야 한다는 것입니다.

바닥컷을 촬영할 때 제품의 크기에 따라 높은 사다리가 필요할 수 있습니다.

> **TIP** 탑 조명을 이용한 바닥컷 세팅 요령
>
> 일반적인 조명+스탠드 조합에서는 조명의 위치가 낮아 그림자가 많이 생길 수 있습니다. TOP 조명을 사용하면 좀 더 높이/멀리 조명을 배치할 수 있기에 골고루 조광이 가능합니다. 그리고 조명의 반대편에 스티로폼을 이용한 반사판을 대주어 그림자 부분을 자연스럽게 밝게 해줄수 있습니다. 또한 스튜디오 흰색 바닥이라고 하더라도 지저분할 수 있기 때문에 흰색 롤 배경지를 깔아서 깨끗하게 해주는 것이 좋습니다.

바닥컷 촬영을 할 때 최대의 단점은 이미지가 사다리꼴처럼 상단 부위는 좁고, 하단 부위가 넓어지는 현상이 크고 작게 생길 수 있다는 것입니다. 최대한 제품과 카메라를 평행되게 위치시키면 사다리꼴이 덜 생기지만, 사다리꼴 현상이 발생했을 때 포토샵을 이용하여 후보정할 수 있습니다.

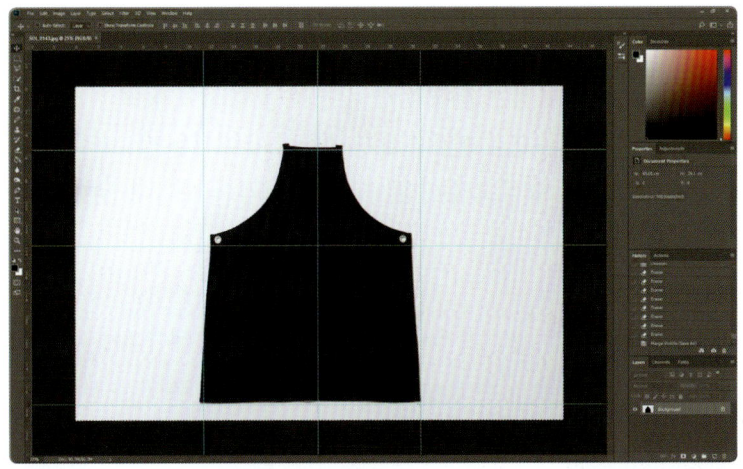

◀ 포토샵 또는 기타 편집 프로그램에서 Guide 라인을 띄어서 제품의 왜곡을 관찰할 수 있습니다. Guide는 상단 메뉴 중 [View] 메뉴에서 [New Guide]를 선택하면 나타납니다.

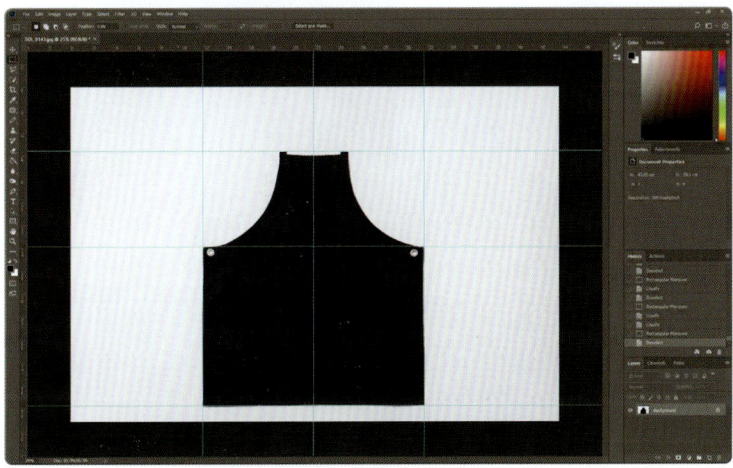

◀ 포토샵의 [Edit] 메뉴에서 [Free Transform] 기능을 이용하여 사다리꼴 왜곡을 잡아 보았습니다.

| TIP | 포토샵에서 사다리꼴 이미지 왜곡 잡는 방법 |

Ctrl+A를 눌러 전체 선택한 후 Ctrl+T를 눌러 Free Transform 상태로 만듭니다. 그런 다음 마우스 커서를 사진 가장 끝 모서리에 가져간 후 Ctrl을 누른 상태에서 조정이 가능합니다.

|03| 촬영하기 불리한 여건에서의 마네킹 촬영하기

다음의 그림을 보면 아주 열악한 환경이란 것을 쉽게 느낄 수 있습니다. 좁은 장소이며, 조명도 하나 뿐입니다. 조명이 하나라는 말은 빛을 받는 반대쪽으로 그림자가 생길 확률이 크다는 말로도 해석할 수 있습니다. 그림자를 강하거나 크게 만들어야 하는 임팩트 있는 사진의 경우는 상관이 없지만, 화사하게 보이게 하거나 전체적으로 깨끗하게 잘 보이는 사진을 만들고자 하는 경우에는 그림자를 지워주거나 밝게 해주는 역할의 빛이 필요합니다. 보통 이럴 때는 조명을 하나 더 사용하는 경우가 많지만, 예산적인 문제로 조명이 하나뿐이거나 좁은 공간이어서 조명을 하나만 운용해야 하는 경우에는 대형 반사판을 이용하여 극복할 수 있습니다. 조명 판매점에서 판매하는 대형 반사판은 상대적으로 비싼 편입니다. 그러나 대형 스티로폼을 이용하면 저렴하게 반사판 역할을 대신할 수 있습니다.

600와트 조명+소프트 박스 1개, 반사판용 스티로폼 1개, 150cm 넓이 흰색 롤 배경지, 그리고 마네킹을 이용한 의류 촬영

> **TIP 그림자의 크기를 작게 나오게 하는 방법**
>
> 조명이 하나일 때 그림자의 크기를 작게 나오게 하는 방법은 위의 사진처럼 조명을 최대한 촬영 위치와 가깝게 하고 마네킹이 빛을 받는 반대쪽편에 반사판을 두게 되면 배경에 생기는 그림자는 작아지며, 연하고 부드러워집니다.

> **TIP** 대형 스티로폼은 인터넷/철물점에서 90cm×180cm 크기를 구매하면 좋습니다. 단, 5cm 이하 두께를 고르면 쉽게 부러지는 것에 주의해야 합니다. 따라서 5~10cm 두께를 선택하는 것이 좋습니다.

Nikon D90 + AF-s 18-70 F/3.5~5.6, 매뉴얼 모드, 1/125초, F/13, ISO 100, 조명값(600와트): 7(디지털 컨트롤 조명)

|04| 배경과 조명을 이용한 투과감을 살리는 촬영하기

의류 제품을 찍을 때 중요하게 여기는 부분 중에 하나가 질감과 핏(Feeting)감입니다. 핏감은 조명보다는 마네킹이나 옷걸이의 형태에 따라 결정되는 부분이기 때문에 이번에는 질감을 잘 살리는 촬영 방법을 알아보겠습니다.

여러 종류의 의류 재질이 있지만, 그중에서도 좀 어려운 편에 속하는 것이 얇은 두께의 보카시 원단의 제품입니다. 그냥 면처럼 보여도 자세히 보면 힐끗힐끗 투과되는 느낌이라 표현하기가 어렵습니다. 그래서 옷걸이를 벽에 거는 방법이 아닌, 벽과의 거리를 두고 그 사이를 빛이 지나가도록 하여 좀 더 보카시 원단의 느낌을 잘 표현할 수 있습니다. 행거에 옷을 걸고, 벽과의 거리를 충분히 둘 수 있습니다.

Nikon D750 + AF-s 24-70mm F/2.8, 매뉴얼 모드, 1/125초, F/16, ISO 200

> **TIP 행거에 걸린 옷걸이가 돌아가지 않게 하는 방법**
>
> 얇은 테이프를 이용해서 행거 끝에서 옷과의 연결을 통해 옷이 움직이는 것을 잡아주며 핏감도 한 번 더 잡아줍니다. 그리고 낚시줄을 이용해서 행거 봉과 봉 사이를 여러 회 감아 옷을 받치게 하여 돌아가는 것을 막아줍니다.

컬러가 진한 원단들은 위와 같은 방법으로 충분히 보카시의 표현을 할 수 있지만, 반대로 밝거나 흰색 원단들은 상대적으로 비치는 빛들의 느낌이 적게 느껴질 수 있습니다. 그래서 밝은색과 대비되는 어두운 배경으로 바꿔서 표현하기도 합니다.

(왼쪽) 벽과의 공간과 뒤쪽의 빛이 질감을 표현할 때
(오른쪽) 어두운 배경으로 흰색 원단 사이사이 비치는 검은 빛으로 표현했을 때

|05| 슈팅 테이블을 이용한 작은 제품들 촬영하기

멋있게 슈팅 테이블이라는 표현을 써보았지만, 촬영하기 편한 높이의 깨끗한 배경과 바닥을 갖춘 촬영용 테이블을 말합니다. 흰색 아크릴 소재로 되어 있는 제품을 팔기도 하지만, 아크릴의 두께 및 퀄리티에 따라 빛의 투과나 반사가 예쁘지 않는 경우도 있습니다. 그래서 저렴하면서 합리적인 방법으로 흰색 종이를 이용한 방법이 있습니다. 즉, 간이 테이블에 흰색 종이를 L 모양으로 두어 배경과 테이블 바닥을 흰색 종이로 덮는 방법입니다(조명 장비를 파는 대부분의 온라인 샵에서는 폭 130~150cm 너비의 배경은 항상 판매하고 있습니다. 약 5만 원대).

아크릴 테이블과 조명을 이용한 슈팅 테이블

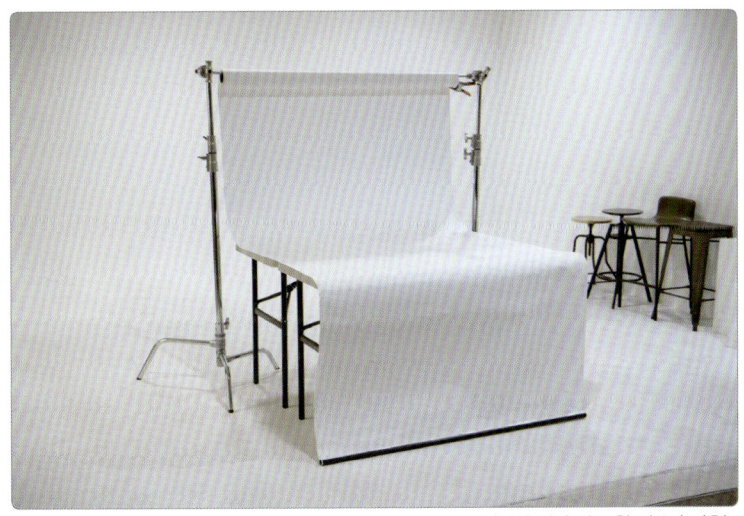
폭 150cm 배경지와 스탠드, 소형 테이블 조합의 슈팅 테이블. 신발이나 가방 및 소형 제품의 경우는 가정에서도 충분히 촬영이 가능합니다. 가장 저렴한 방법으로는 책상에 전지 여러 장을 이용하는 방법도 있습니다.

탑 조명을 뒤쪽 상단에서 사용하기

- 조명과 일반 스탠드의 조합으로는 높은 위치에서 떨어지는 빛을 효과적으로 컨트롤할 수 없습니다. 그래서 붐 스탠드를 이용하여 탑 조명을 세팅할 수 있습니다.
- 빛이 위에서 아래로 떨어짐으로 인해서 측면과 하단부에는 빛이 덜 들어갑니다. 그로 인해 발생되는 은은한 음영으로 깊이감과 입체감이 잘 살아납니다.
- 무거운 분위기를 만드는 것에 효과적입니다.

- 위에서 떨어지는 빛으로 인해 제품에 더 집중이 됩니다.
- 탑 조명을 약간 뒤에서 비추게 한 효과로 조금이나마 역광 느낌을 낼 수 있습니다.
- 바닥에 안정적인 그림자가 생성이 됩니다.

| TIP | 탑 조명 구성하기 |

| 붐 스탠드 | 조명헤드 + 6각 또는 8각 소프트 박스 | 탑 조명 |

탑 조명을 정상단 위치에서 사용하기

- 대부분 탑 조명의 장단점은 비슷합니다. 그러나 정상단 위치의 탑 조명은 좁은 공간에서도 활용하기 쉬운 장점이 있습니다. 하지만, 천장이 높아야 하는 점은 유의하여야 합니다.
- 인물을 촬영할 때 얼굴의 굴곡 그림자가 많이 생성되어 화사하거나 부드러운 촬영을 할 경우에는 매우 불리합니다.

- 배경과 바닥에 그림자의 크기가 적게 생성됩니다. 물론 바닥에 있는 그림자는 진합니다.
- 뒤쪽에서 사용하는 탑 조명보다는 제품 정면의 밝기가 더 좋습니다. 단, 뒤쪽에서 넘어오는 역광 느낌의 빛은 보이지 않게 됩니다.

측면에서의 1개 조명 사용하기

- 가장 쉽게 조명을 세팅할 수 있는 방법 중 하나입니다.
- 조명 1개와 그 반대편에 반사판을 설치합니다.
- 제품과 수평되게 마주 보는 각도보다는 빛이 내리 쬐게 한다는 느낌으로 조명 각도를 아래쪽으로 잡아줍니다(조명의 머리를 숙여줍니다).

- 조명의 위치에 따라 콘트라스트 비중이 커집니다.
- 좌측이든, 우측이든 빛이 먼저 닿는 쪽의 밝기가 많이 밝아집니다.
- 조명이 1개인만큼 그림자는 빛 방향대로 하나가 생겨납니다. 조명의 방향과 높이에 따라 그림자의 방향과 크기가 달라질 수 있습니다.

양쪽 측면에서 2개의 조명 사용하기

- 가장 많이 볼 수 있는 조명 세팅 중 하나입니다. 좌/우 조명 밝기 사이를 크게 두지 않으면 진체적으로 고르게 잘 보이는 제품을 찍을 수 있습니다.
- 좌/우 둘 중 하나의 조명을 메인 조명으로 지정하고, 메인 조명을 좀 더 밝게 하고 나머지 조명은 좀 더 어둡게 세팅합니다. 좌우 밝기 비율을 지정해 봅니다. ❹ 2:1, 3:2, 4:3, 2:3 등

- 각 조명은 다른 조명이 만들어낸 그림자를 연하게 하는 효과가 있지만, 그림자는 2개가 생깁니다.
- 부피가 큰 제품들은 그림자가 배경 양쪽으로 크게 생겨나기에 덜 예쁠 수 있지만, 누끼를 따는 작업이라면 크게 상관이 없습니다.

슈팅 테이블을 이용한 촬영 중 장점은 위에서 내려다보는 수직 촬영과 옆에서 보는 수평 촬영을 테이블 세팅 변경 없이 할 수 있다는 것입니다.

그리고 수직 촬영을 할 때 그림자가 깔끔하게 떨어지는 탑 조명을 사용합니다.

Canon 5D mark3 + EF24-70mm F/2.8L, 매뉴얼 모드, 1/125초, F/16, ISO 200

슈팅 테이블을 통한 수직, 수평 촬영이 모두 가능 상태에서의 결과물

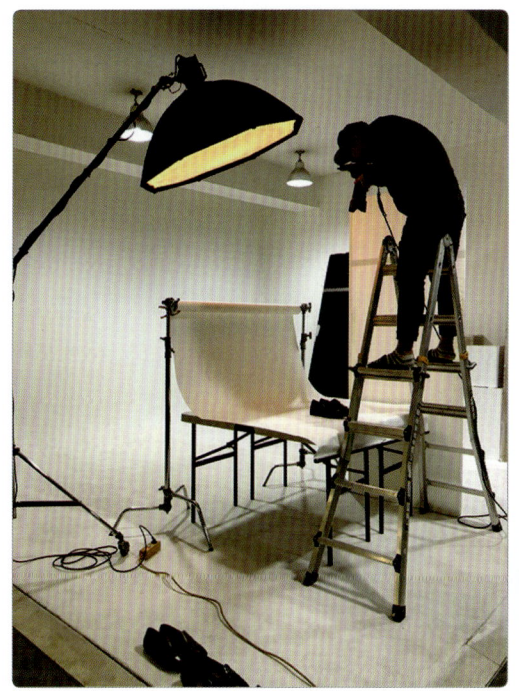

수직 촬영을 할 때 가능한 렌즈는 최대 망원 영역으로 두고, 안전을 확보한 상황에서 사다리나 책상 등을 이용하여 높은 위치에서 최대한 제품과 수직을 유지한 상태로 촬영을 진행합니다. 불편해도 이렇게 수직 촬영을 하는 이유는 좀 더 왜곡 없이 깔끔한 이미지를 만들기 위함입니다.

다음의 신발 그림은 조금 전에 봤던 155쪽의 그림과는 앵글이 많이 다름을 관찰할 수 있습니다. 촬영 환경에서는 슈팅 테이블 없이 바닥에 흰색 배경지를 깔고 촬영하였습니다. 아무래도 슈팅 테이블이 없다 보니 반듯한 수평 앵글의 옆모습, 뒷모습 촬영에서 한계가 극명하게 드러납니다.

Nikon D5 + AF-S 24~70mm F/2.8 VR, 매뉴얼 모드, 1/125초, F/16, ISO 400

바닥에 종이를 깔고 촬영한 결과물. 측면과 후면을 촬영할 때 비스듬히 내려다보는 각도만 연출이 되었습니다.

가장 저렴하면서 쉽게 세팅할 수 있는 제품 촬영 환경이지만, 바닥 촬영은 앵글의 한계가 있습니다. 정측면 사진이 요구되지 않는 머플러, 스카프, 양말 등은 크게 관계가 없지만, 신발, 가방, 모자 등 정면, 정측면, 정뒷면 촬영이 필요한 제품의 경우 슈팅 테이블이 없는 촬영은 많이 불리합니다.

|06| 미니 스튜디오를 이용한 소품 촬영하기

스튜디오 렌탈, 슈팅 테이블 제작, 조명 구매, 사무실을 지속광 조명 세팅으로 꾸미기, 이 모두가 비용이 높게 발생하는 편입니다. 적은 예산으로 온라인 쇼핑몰 사업을 시작하는 분들에게는 큰 부담일 수 있습니다.

작은 소품 위주의 제품 촬영만 하는 분들에게 효과적인 보조 장비가 있는데 '미니 스튜디오'라고 하는 작은 촬영 환경을 제공하는 저렴한 도구가 바로 그것입니다.

조립된 미니 스튜디오의 모습

미니 스튜디오는 조립하는 형식이 많습니다. 그래서 필요할 때만 조립하여 책상이나 바닥에 두고 촬영이 가능합니다. 조명은 스튜디오 조명을 사용하지 않고, 보조배터리+LED 조합으로 노출을 유지시켜 줍니다. 쥬얼리 또는 고가의 제품들을 촬영할 때에는 조리개를 많이 조이는 촬영을 해야 하므로 많이 불리할 수 있지만, 일반적으로 작은 제품들은 충분히 찍을만한 밝기를 제공해 주고 있습니다.

촬영 문의	적합	부적합	비고
의류 촬영이 가능합니까?		○	
비누, 향초 등 소규모 DIY 제품은 촬영이 가능합니까?	○		
고광택 제품은 가능한가요?	○		단, 제품에 비치는 많은 LED 등은 포토샵으로 제거해야 함
휴대전화로도 제품 촬영이 가능한가요?	○		노출 고정 기능이 있는 어플을 이용하는 것이 유리함
음식 촬영은 가능한가요?		○	음식 촬영은 테이블도 중요한 소품이 되어야 하는 부분이며, 음식에서 발생되는 연기, 광택을 위한 보조 조명 등의 사용이 필요함

미니 스튜디오를 이용해 휴대전화로 촬영하는 모습

작은 제품들은 미니 스튜디오가 오히려 세팅이 간단하며, 설치가 어려운 조명이 없다 보니 훨씬 편리한 촬영이 가능합니다. 그리고 최신 스마트폰의 카메라는 왠만한 촬영을 해도 퀄리티가 크게 떨어지지 않기 때문에 작은 소품들이나 저가 제품들은 충분히 괜찮습니다.

미니 스튜디오+휴대전화 촬영+포토샵 밝기 보정

휴대전화와 보급형 미러리스 결과물 비교

- 보급형 미러리스와 아이폰XR의 결과물 비교입니다.
- 상단 이미지 두 장이 아이폰이며, 하단 이미지 두 장이 보급형 미러리스 사진입니다.
- 충분한 광량과 최신의 스마트폰을 이용하더라도, 파지법으로 인한 흔들림이나 구도를 잡는 데 있어서는 불리할 수 있습니다. 이럴 때 안정적으로 스마트폰을 잡아주는 홀더와 미니 삼각대를 이용한다면 더욱 좋은 결과물을 편하게 만들 수 있습니다.

> **TIP** 휴대전화로 제품 촬영 잘 하는 꿀팁
>
> - 주변 밝기를 항상 밝게 합니다.
> - 책상용 등이나 미니 LED를 더 준비하여 광량을 확보합니다(등은 백색 컬러를 사용하는 등이어야 함).
> - 화면 속의 대상을 터치하여 노출을 살 삽습니다.
> - 카메라의 노출을 고정시킬 수 있는 카메라 어플을 이용하여 고정값으로 찍습니다.
> - 많이 다가가서 촬영해 봅니다.
> - 상하좌우 위아래로 왔다갔다하면서 제품의 예쁜 포인트를 찾습니다.

조명을 이용한 모델 촬영

|01| 소프트 박스를 이용한 기본 모델 촬영하기

소프트 박스를 이용하여 모델을 촬영할 때 소프트 박스의 종류와 각도, 개수에 따른 전체적인 모델의 그림자와 세부적인 인물의 그림자를 파악하여 자사의 모델을 촬영할 때 적용 및 응용할 수 있습니다.

: 소프트 박스의 정면광 사용

조명은 한 등을 사용하였고, 정면에서 오른쪽으로 10~20도 정도의 각도로 조명을 배치하였습니다.

사진에서 보듯이 조명이 위치한 반대 방향으로 그림자가 생기는 것을 확인할 수 있습니다. 소프트 박스로 인해서 그림자는 부드럽게 생성되어 있고, 얼굴에는 정면 빛이 충분한 덕분에 부드러운 느낌을 줍니다. 그리고 하나의 조명 사용으로 촬영장의 폭이 좁아도 쓸 수 있기 때문에 가정에서나 좁은 사무실에서 촬영하기 편리한 방법입니다.

> **TIP 소프트 박스의 사이즈 선택**
>
> 소프트 박스 구매는 보통 조명을 고르면서 세트 상품으로 소프트 박스가 포함되어 구매되는 경우가 많이 있습니다. 그럴 경우 소프트 박스 크기를 반드시 파악해야 합니다. 가장 대중적인 소프트 박스의 크기가 1200mm×800mm이지만, 간혹 800mm×600mm 크기 미만의 소프트 박스가 포함되는 경우가 있습니다. 이 사이즈는 전신 사진을 촬영할 때 불리한 사이즈라 피하는 것이 좋습니다. 짧은 면의 길이는 800mm, 긴 면의 길이는 1200mm 이상이어야 전신 및 상반신을 촬영할 때 불편함이 없습니다.

소프트 박스의 정면광 사용+반사판

기존의 정면광 위치에서 전신 반사판을 이용하면 보다 부드러운 질감이 표현됩니다.

첫 번째 조명 세팅에서 반사판 1개가 추가되었습니다. 그림자는 조금 더 옅어진 것을 확인할 수 있으며, 이 조합도 조명은 1개, 반사판만 1개 추가된 경우라서 공간과 비용을 아낄 수 있는 조명 세팅 방법입니다.

30도 각도의 소프트 박스 조명 사용

모델이 바라보는 정면 근처에 위치한 조명일수록 모델과 의류의 어두운 부분을 많이 없애줌으로써 깨끗한 촬영을 할 수 있지만, 윤곽이 덜 드러나거나 콘트라스트가 낮아지는 단점도 있습니다. 따라서 30도 각도에서 조명을 사용하면 윤곽과 콘트라스트를 충분히 살려줄 수 있기 때문에 많이 사용하는 조명 각도입니다.

: 강한 콘트라스트를 위한 소프트 박스 위치

소프트 박스의 부드러운 빛이라고 해도 빛이 들어가는 각도가 많이 꺾여 있다면, 이미지의 콘트라스트와 그림자는 강해집니다. 얼굴 윤곽을 입체적으로 표현할 때나 콘트라스트가 높은 결과물을 만들 때 사용합니다.

그림자가 모델과 충분히 분리될 만큼 생성되어 있으며, 콧등과 턱선에서 좀 더 윤곽이 도드라지는 것을 관찰할 수 있습니다.

추가 조명이 아닌 반사판의 선택

반사판 사용이 무조건 좋다기보다는 그림자가 덜 생기게 도와주며, 더 화사한 결과물을 만드는 것에 유리하다고 볼 수 있습니다. 반면 반사판이 없을 경우 콘트라스트 차이로 인해서 더 질감이 도드라지게 보이는 면이 있습니다.

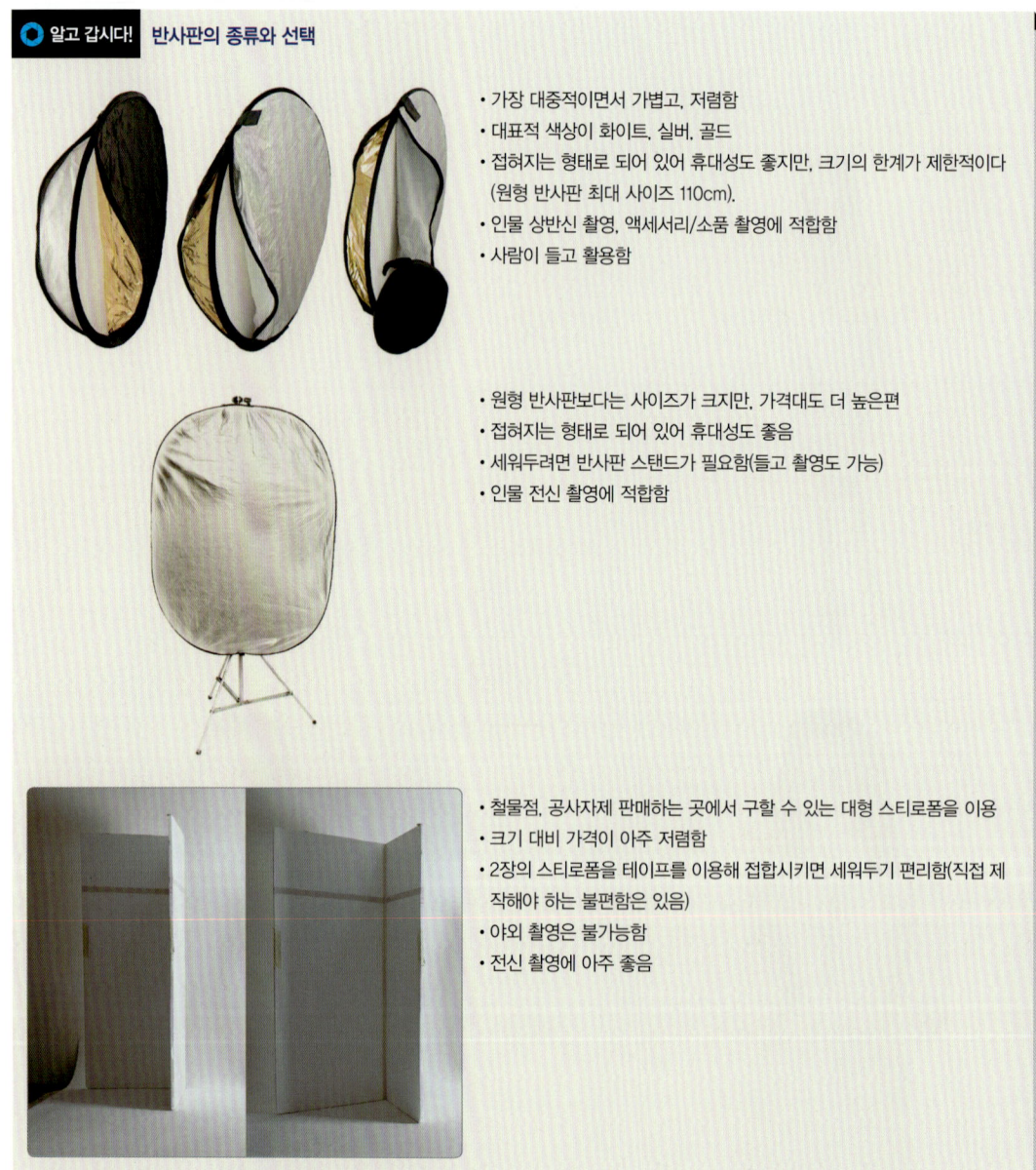

알고 갑시다! 반사판의 종류와 선택

- 가장 대중적이면서 가볍고, 저렴함
- 대표적 색상이 화이트, 실버, 골드
- 접혀지는 형태로 되어 있어 휴대성도 좋지만, 크기의 한계가 제한적이다 (원형 반사판 최대 사이즈 110cm).
- 인물 상반신 촬영, 액세서리/소품 촬영에 적합함
- 사람이 들고 활용함

- 원형 반사판보다는 사이즈가 크지만, 가격대도 더 높은편
- 접혀지는 형태로 되어 있어 휴대성도 좋음
- 세워두려면 반사판 스탠드가 필요함(들고 촬영도 가능)
- 인물 전신 촬영에 적합함

- 철물점, 공사자제 판매하는 곳에서 구할 수 있는 대형 스티로폼을 이용
- 크기 대비 가격이 아주 저렴함
- 2장의 스티로폼을 테이프를 이용해 접합시키면 세워두기 편리함(직접 제작해야 하는 불편함은 있음)
- 야외 촬영은 불가능함
- 전신 촬영에 아주 좋음

소프트 박스 2개를 이용한 촬영

조명이 2개가 있다면 피사체와 같은 거리를 두고 양쪽에 배치하는 것이 가장 쉽게 접근할 수 있는 조명 세팅입니다. 실수도 적고, 모델과 제품이 전체적으로 잘 보이기 때문입니다.

소프트 박스 조명 2개를 이용하게 되면 좌우 밝기 밸런스 조절 부분에서 자유롭고, 전체적으로 피사체가 잘 보이는 사진을 만들기도 쉽습니다. 촬영할 때 하나의 조명으로 촬영하는 것보다 조명이 더 사용되기에 비교적 더 넓은 장소가 필요로 하게 됩니다. 그리고 바닥에 피사체의 그림자가 이중으로 보이는 단점이 있습니다.

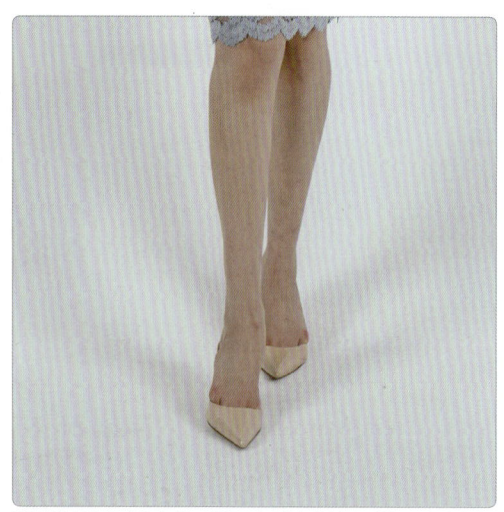

양쪽에서 빛이 비추어지는 이유로 그림자가 양쪽 방향으로 생기게 되어 어색한 그림자가 연출됩니다.

|02| 소프트 박스와 보조 조명을 이용한 임팩트 있는 촬영하기

소프트 박스의 부드러운 빛은 분명 편안한 콘트라스트와 안정적인 결과물에 도움을 줄 수 있습니다. 하지만, 강렬한 느낌, 진한 그림자, 높은 콘트라스트 등으로 사진에 임팩트 있는 결과물을 만들어 내기는 분명 아쉽습니다. 다양한 연출을 위해 조명에 소프트 박스 대신에 여러 가지 Light Shaping Tools를 이용할 수 있습니다.

소프트 박스+그리드 조합의 보조 조명

앞서 스튜디오 조명의 종류 중에서 소프트 박스에서 나오는 부드러운 빛을 직진 성향으로 바꿔주는 역할을 하는 그리드를 알아보았습니다. 그리고 소프트 박스+그리드를 이용해 모델의 뒤쪽에서 직진성으로 나오는 빛을 연출하여 역광 느낌을 표현할 수도 있습니다.

| TIP | 이럴 때 후방 조명을 사용하면 좋다 |

- 역광에서의 느낌을 표현하고자 할 때
- 피사체의 실루엣을 잘 살리고자 할 때
- 퍼/모피처럼 잔잔한 털들을 살리고 싶을 때
- 정면광 위주의 촬영 때보다 좀 더 입체감 있는 표현을 해보고 싶을 때

- 풍성한 퍼를 정면광 위주로만 표현했다면, 풍성한 느낌도 덜 들고, 무겁게 표현되었을 것입니다.
- 오른쪽 퍼 끝부분들이 하늘하늘 밝게 보여 따뜻하게 느껴지며 디테일도 더 입체감 있게 보입니다.
- 조명은 모델보다 더 뒤쪽에 위치해야 그 효과가 더 좋습니다.

- 메인 조명은 정면에 가깝게 위치시킨 뒤 후방 조명은 끈 상태에서 카메라의 노출값을 맞추고, 촬영할 때는 후방에 위치한 조명을 켜서 사용합니다.
- 후방에 배치한 조명을 너무 강하게 세팅할 경우 빛이 닿는 면의 디테일이 날아 갈 수 있으니 주의해야 합니다.

리플렉터+허니컴 조합

이 조합은 피사체의 진한 그림자를 만들 때와 강한 콘트라스트가 필요할 때 사용하게 됩니다. 연극 무대에서 독백을 하는 주인공에게 스팟 조명을 비춰 주인공만 보여줄 때 사용하는 조명과 비슷하다고 볼 수 있습니다.

> **TIP 리플렉터+허니컴 조명의 높이**
>
> 리플렉터+허니컴으로 촬영을 하면 선명한 그림자가 생성됩니다. 조명의 높이에 따라 그림자의 위치가 바뀌는 것이 너무 선명히 드러납니다. 그래서 조명의 높이가 중요합니다. 생성된 그림자가 사람의 키보다 낮아야 자연스럽기 때문에 조명은 사람의 키보다 높게 위치시키는 경우가 많습니다.

허니컴의 각도

허니컴은 빛을 직선 위주로만 내보내고, 옆으로 퍼지는 빛들은 차단합니다. 정도에 따라 빛이 10도 각도로 좁을 수 있으며, 또 40도 각도로 퍼트려서 내보낼 수 있습니다(시중에는 10도, 20도, 30도, 40도 제품들이 판매되고 있습니다).

10도 허니컴

40도 허니컴

10도처럼 각도가 좁을수록 허니컴의 간격이 더 촘촘하게 구성되어 있어서 빛이 넓게 퍼지는 것을 많이 차단하게 됩니다. 반대로 40도의 허니컴은 촘촘한 정도가 덜하여 더 넓은 각도로 빛을 발광합니다.

허니컴 각도에 따른 빛의 조광 범위와 그림자의 농도 변화

: 리플렉터를 이용한 천장 바운스

리플렉터는 조명 도구 중에 작은 편에 속합니다. 그래서 조명의 위치 변경에도 편리하며 더불어 빛 손실이 가장 적은 장비라서 천장 바운스를 칠 때 제일 많이 이용되는 장비입니다.

> **TIP** 천장 바운스는 아무 곳에서 사용 가능한가요?
>
> 빛이 반사가 될 때는 그 반사체의 색상에 영향을 많이 받습니다. 천장이 빨간색이면 반사되어 나온 빛은 빨간색을 띠며, 노란색이면 역시 노란색 빛이 반사되어 나옵니다. 그렇다 보니 천장 바운스를 할 때 중요한 포인트는 천장의 색상입니다. 가장 좋은 색상은 역시나 흰색입니다. 그다음 연회색, 아이보리, 연베이지 정도면 바운스를 사용해도 괜찮지만, 무채색이 아닌 비비드한 컬러들의 천장은 바운스를 사용하기에 적합하지 않습니다. 너무 어두운 천장의 경우도 마찬가지입니다.

천장 바운스 촬영의 특징

- 빛의 반시로 인해서 빛은 부드러워져 있습니다.
- 진한 그림자가 잘 생기지 않습니다.
- 빛을 비추는 조광 범위가 넓습니다.

자연광을 이용해 스튜디오에서 촬영할 때 조명의 바운스 빛과 자연광이 섞여 촬영되면 일반 조명으로 촬영할 때보다 더 자연스러운 표현이 됩니다.

|03| 룩북 스타일의 조명 촬영하기

룩북(LOOKBOOK)이란 사전적 의미로 보면 '패션 브랜드나 디자이너의 패션 경향, 성격, 스타일 등을 모아 놓은 사진집'으로, 신제품 사진과 모델 화보, 소개 등을 실어 해당 시즌의 방향성을 보여줍니다. 지면광고 촬영은 배경 세트를 제작하고, 빛 설계를 해서 해당 제품만을 돋보이게 하는 촬영인데 반해 룩북은 카탈로그 성향에 가깝습니다. 조명과 배경을 일정하게 유지한 채 여러 다른 의상을 바꿔가면서 촬영하기에 두루두루 여러 스타일에 잘 어울릴 수 있는 심플하고 무난한 조명으로 세팅을 하고 촬영하게 됩니다.

> **TIP 룩북 촬영용 기본 조명 배치**
>
> 룩북 촬영 조명 배치 중 가장 기본적인 방법은 모델, 포토그래퍼, 조명이 일직선이 되게 하는 방법입니다. 이렇게 촬영하게 되면 모델 좌우로 그림자가 거의 생기지 않아서 깨끗한 느낌을 만들어 낼 수 있습니다.

Nikon D5 + AF-s 24-70mm F/2.8 VR, 매뉴얼 모드, 1/125초, F/4.5 ISO 200

그림자가 모델 좌, 우측으로 거의 보이지 않아서 깨끗한 배경을 만들어 촬영할 수 있습니다. 단, 아래로 떨어지는 그림자는 생성이 되기 때문에 다리 뒤쪽으로는 연한 그림자가 생깁니다.

룩북을 촬영할 때 그림자가 덜 들어가는 조명 세팅은 자칫 밋밋한 느낌이 생길 수 있지만, 왼쪽 그림처럼 컬러 배경지를 이용하여 분위기를 살릴 수 있습니다.

CHAPTER

YOU ARE
A REASON TO

05

smile

야외 모델 촬영

Section 01 야외 촬영 준비
Section 02 야외 촬영, 태양빛, 그림자

SECTION 01 야외 촬영 준비

야외 촬영을 할 때 장소 선택 진단 및 행동 요령

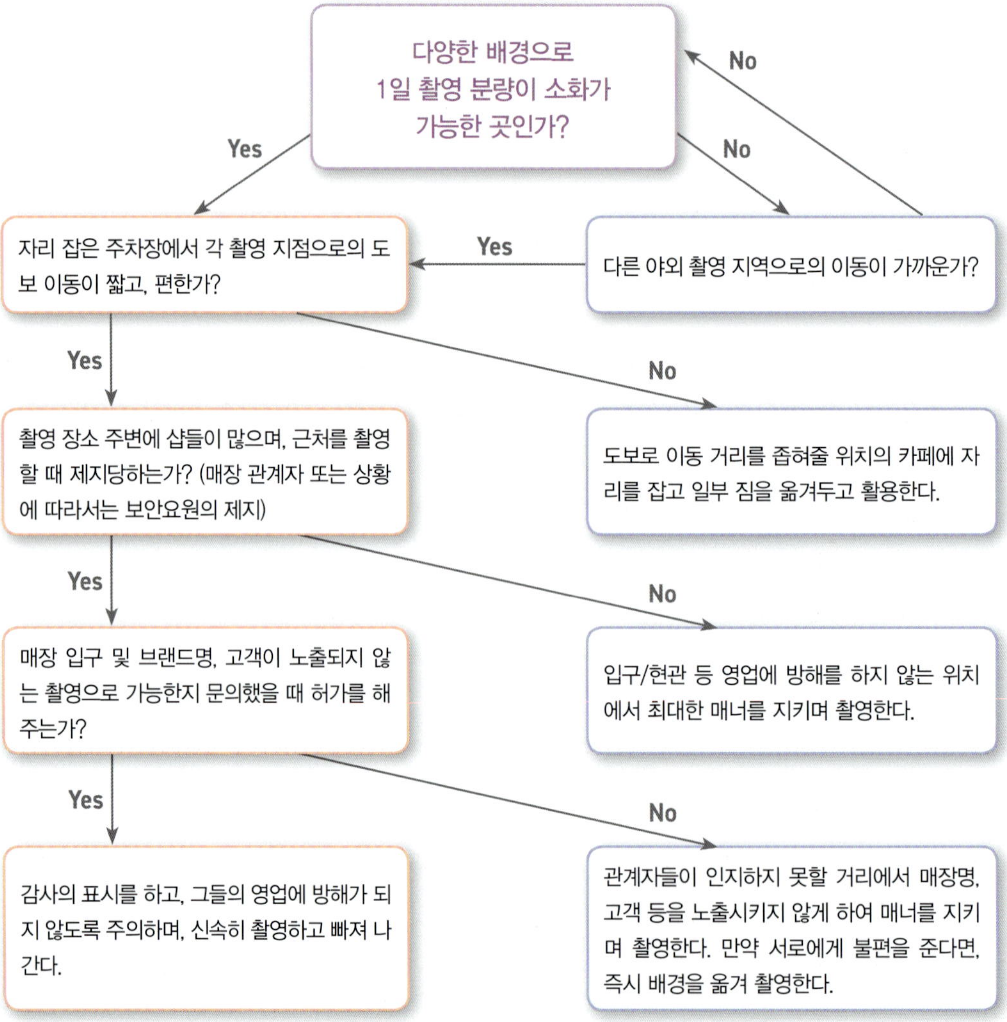

```
                    ┌─────────────────────┐
                    │  다양한 배경으로        │ ◄── No ──┐
          ┌── Yes ──│  1일 촬영 분량이 소화가  │          │
          │         │  가능한 곳인가?         │── No ──┐ │
          │         └─────────────────────┘        │ │
          ▼                                         ▼ │
┌─────────────────────────┐        ┌─────────────────────────┐
│ 자리 잡은 주차장에서 각     │◄─ Yes ─│ 다른 야외 촬영 지역으로의  │
│ 촬영 지점으로의 도보 이동이 │        │ 이동이 가까운가?          │
│ 짧고, 편한가?             │        └─────────────────────────┘
└─────────────────────────┘                    │
          │ Yes                                  │ No
          ▼                                      ▼
┌─────────────────────────┐        ┌─────────────────────────┐
│ 촬영 장소 주변에 샵들이    │── No ──▶│ 도보로 이동 거리를 좁혀줄  │
│ 많으며, 근처를 촬영할 때  │        │ 위치의 카페에 자리를 잡고 │
│ 제지당하는가? (매장 관계자 │        │ 일부 짐을 옮겨두고 활용한다.│
│ 또는 상황에 따라서는        │        └─────────────────────────┘
│ 보안요원의 제지)          │
└─────────────────────────┘
          │ Yes
          ▼
┌─────────────────────────┐        ┌─────────────────────────┐
│ 매장 입구 및 브랜드명,     │── No ──▶│ 입구/현관 등 영업에 방해를│
│ 고객이 노출되지 않는       │        │ 하지 않는 위치에서 최대한 │
│ 촬영으로 가능한지 문의했을 │        │ 매너를 지키며 촬영한다.    │
│ 때 허가를 해 주는가?       │        └─────────────────────────┘
└─────────────────────────┘
          │ Yes
          ▼
┌─────────────────────────┐        ┌─────────────────────────┐
│ 감사의 표시를 하고, 그들의 │        │ 관계자들이 인지하지 못할  │
│ 영업에 방해가 되지 않도록 │        │ 거리에서 매장명, 고객 등을│
│ 주의하며, 신속히 촬영하고  │        │ 노출시키지 않게 하여 매너 │
│ 빠져 나간다.               │        │ 를 지키며 촬영한다. 만약  │
└─────────────────────────┘        │ 서로에게 불편을 준다면,   │
                                    │ 즉시 배경을 옮겨 촬영한다.│
                                    └─────────────────────────┘
```

|01| 야외 촬영을 하는 이유와 장단점

야외 촬영을 하는 가장 큰 이유는 바로 공간과 빛 때문일 것입니다. 스튜디오는 Room이라는 개념의 렌탈을 해둔 일정한 공간에서 시간당 비용을 지불하며 이용하지만, 금방 공간의 한계에 부딪히게 됩니다. 소품의 배치도 바꾸며 조명을 사용하여 느낌을 바꿔 주기도 하지만, 분명히 야외에서 보다는 다양한 느낌을 만들어 내는 부분이 어려울 수 있으며, 자연광이 주는 쨍하면서 화사한 느낌은 조명으로 대체하기 힘든 부분이기도 합니다. 그리고 넓은 공간감을 줄 수 있는 스튜디오도 많지 않으며, 비용적인 측면에서도 야외 촬영은 렌탈 비용이 따로 들지 않지만, 스튜디오 비용은 만만치 않습니다.

많은 장점들이 있지만, 야외 촬영을 할 때 어려운 부분을 꼽자면 바로 날씨를 들을 수 있습니다. 일단 비오는 날에는 모델, 포토그래퍼가 비를 맞는 것은 물론 카메라 장비들, 의류 및 소품들이 비에 젖게 되어 문제가 될 수 있습니다. 그래도 우산이나 장화, 비옷 같은 제품들을 찍을 때는 잘 대비하여 비오는 날에 야외 촬영을 하기도 합니다. 그리고 눈이 내릴 때 잠깐은 괜찮을 수 있으나 바닥이 지저분할 수 있고, 길의 미끄러움으로 인해 촬영이 어렵게 됩니다. 그래서 야외 촬영 일정을 잡을 때는 항상 일기예보를 잘 보아야만 합니다.

특히 장마철에는 스튜디오나 실내 장소를 미리 찾아두고 예약해 두어야 합니다. 이렇게 날씨와 기온은 우리들을 늘 괴롭히고 있습니다. 2~3월에 봄옷을 촬영하게 되고, 9월이면 아직 더울 때인데 두꺼운 가을 옷을 찍어야 하니 모델에게는 여간 힘든 일이 아닐 수 없습니다. 그 외에도 장소 이동 및 주차, 화장실 문제 등 스튜디오보다는 불편한 점이 많이 있지만, 야외 촬영을 선호하는 이유는 앞서 설명처럼 햇살이 주는 따스함과 배경이 주는 공간감 및 제품들과의 어우러짐과 거리를 거니는 모습이나 여러 행동들을 취함으로써 실내보다는 더 자연스럽고 편안하게 제품을 표현할 수 있기 때문이 아닌가 합니다.

|02| 야외 촬영 장소 선정하기

스튜디오 선택과 마찬가지로 야외 촬영 장소를 선택함에 있어서 우리의 제품이 어떤 것인지를 먼저 잘 파악해야 할 것입니다. 예를 들어 우리의 제품을 입고 김모델님이 가로수길을 거닐면서 디저트도 먹고, 즐거워하는 컨셉을 떠올려 볼 수도 있을 겁니다. 박모델님은 파주출판단지의 넓은 노출 콘크리트 벽 앞에서 슬림핏 자켓과 검정 와이드 팬츠로 한껏 멋을 낸 오피스룩의 화보컷 촬영하는 것도 상상해 보시고요. 이렇게 제품 컨셉에 잘 맞는 장소를 선택해서 그 분위기를 잘 살려야 구매 심리를 더 자극할 수 있는 의류 쇼핑몰 사진을 만들 수 있습니다.

쇼핑몰 사진들을 조금 관찰해 보았다면, 여러 쇼핑몰 업체들이 가는 장소 중 서로 겹치는 곳들이 있는 것을 알 수 있을 것입니다. 최고의 장소라기보다는 촬영하기 최적의 장소이기 때문입니다. 일단 쇼핑몰 촬영 시 최적의 여건들을 알아보겠습니다.

> **야외 촬영 장소를 선정할 때 체크리스트**
> - 하루 분량을 촬영할 때 장소가 덜 겹치게 다양한 배경이 나오는가?
> - 태양의 이동에 따른 촬영 방향의 활용도가 좋은가?
> - 주차 공간은 충분한가? (야외 촬영을 할 때 모델은 차 안에서 옷을 갈아입는 경우가 많습니다.)
> - 주차장에서 촬영할 여러 스팟들까지 도보로 이동할 거리가 너무 멀지는 않은가?
> - 카페나 식당, 편의점 및 화장실 이용은 용이한가?
> - 많은 유동 인구와 자동차로 인해 촬영하기에 복잡하지는 않은가?

이런 부분들을 나름 파악해 두어야 현장에서 시간도 단축할 수 있고, 좀 더 편한 촬영을 할 수 있습니다. 만약, 딱 한두 곳의 예쁜 곳만 봐두고 장소를 선정했을 경우에는 그날의 촬영 결과물은 상당수가 배경이 겹치거나, 다른 곳으로 이동하기 위한 시간을 많이 허비하게 되어 촬영이 지연될 수 있습니다. 그래서 많은 쇼핑몰들이 최적의 조건들을 찾아다니다 보니 어느 정도 검증된 장소를 자주 가게 됩니다. 서울 기준으로 이런 검증된 몇 곳들을 살펴볼까 합니다.

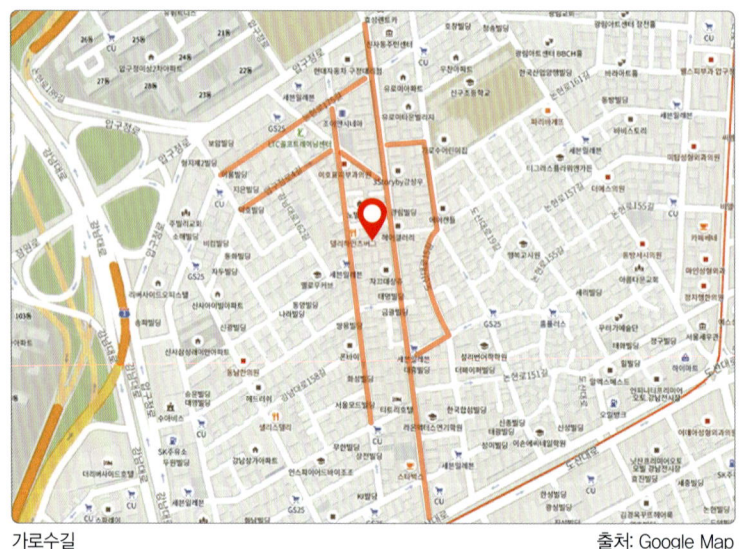

가로수길　　　　　　　　　　　　　　　　　　　출처: Google Map

가로수길의 경우 웅장한 느낌을 받을 수 있는 곳은 아니지만, 작은 상점과 카페들, 그리고 프랜차이즈 매장들이 많이 입점해 있어서 아기자기한 맛과 상권의 느낌을 충분히 받을 수 있습니다. 데일리, 남녀 캐주얼, 미시룩, 파파라치 촬영 등 폭넓은 촬영을 할 수 있는 곳이지만, 고급 오피스룩을 찍기에는 깔끔하고 고급스러운 곳들을 일일이 찾아다녀야 하는 점은 있습니다.

도산공원   출처: Google Map

도산공원은 도심 속에 충분한 녹지가 있는 곳이지만, 쇼핑몰 촬영을 할 때는 녹지보다 예쁘고 고급스러운 명품샵과 카페, 레스토랑 주변에서 많은 촬영을 합니다. 또한 가로수길보다는 좀 더 넓은 느낌으로 촬영이 가능하며, 작은 벽면들이지만 고급스러운 대리석들로 되어 있는 부분들이 여러 곳 있어 오피스룩이나 중·고가 원피스 촬영을 할 때 좀 더 이용되는 편입니다. 그러나 명품샵들이 많다 보니 그 입구 주변에서의 촬영이나 그들의 상호나 간판이 크게 담기지 않게 주의하여야 합니다.

압구정 로데오거리   출처: Google Map

압구정 로데오거리는 가로수길이나 홍대 주변의 번화가보다는 상대적으로 유동 인구가 적은 편이고, 깔끔한 벽, 고급스러운 가게와 빈티지 느낌, 컬러풀한 곳 등 다양한 느낌의 거리로 의류 스타일에 상관없이 찾게 되는 곳입니다. 주차장도 강남의 주요 상권답게 편리하며, 도산공원과도 가까운 곳이라서 당일 촬영을 할 때 압구정 로데오거리와 도산공원을 이동하며 촬영할 수 있습니다.

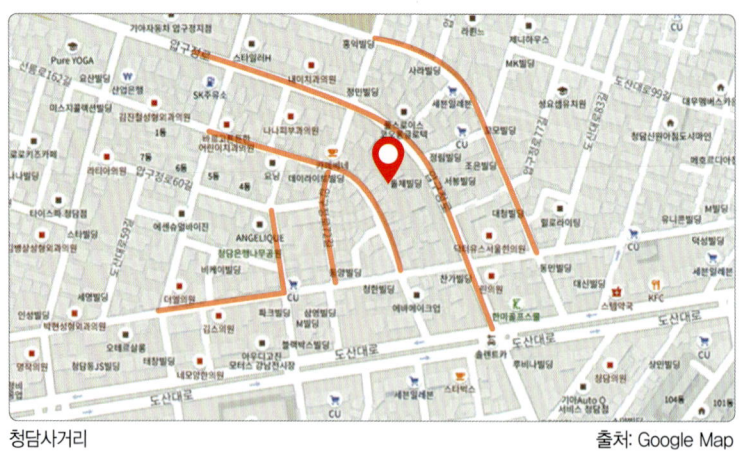

청담사거리   출처: Google Map

청담사거리는 명품샵들이 많은 곳으로 유명하고, 건물들의 외관들도 촬영하기에 아주 유리합니다. 하지만, 그곳 앞에는 항상 샵 안밖을 주시하는 보안요원들이 있습니다. 행여나 DSLR 카메라를 보거나 일반인처럼 보이지 않는(모델처럼 보이는) 사람이 있다면, 더더욱 우리들을 주시할 것이며, 뭔가 촬영하려 한다면 바로 저지를 당할 것입니다. 따라서 아쉽지만 그곳에서의 촬영은 쉽지 않습니다. 그래도 괜찮습니다. 메인 도로 안쪽으로 들어가 보면 촬영하기 괜찮은 멋진 헤어샵, 카페, 옷가게 등 여러 장소들을 볼 수 있는데, 이곳도 다양한 느낌이 나는 곳입니다. 제법 넓은 공간들도 있어서 망원 렌즈를 사용할 곳들도 가로수길에 비하면 더 많습니다. 그러나 오르막길이 많아 이동할 때 체력 소모가 많습니다. 이곳도 압구정 로데오거리와 가깝습니다.

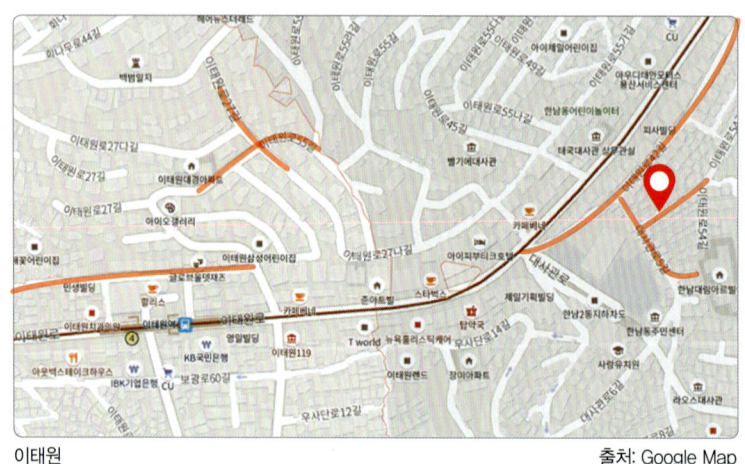

이태원   출처: Google Map

이태원이라고 하면 한국에서 외국인을 가장 많이 볼 수 있는 곳이기도 합니다. 이곳을 가보면 각 나라의 다양한 글씨와 간판부터 서로 다른 여러 문화들을 볼 수 있습니다. 분명 좁은 골목들이 많지만, 체인점들 위주가 아닌 개성 넘치는 개인 가게나 카페들이 많아 캐주얼 의류 촬영, 데일리한 스타일의 촬영에도 충분히 재미있고 좋은 곳입니다. 단, 주차하기 어렵거나 공영주차장을 제외하면 주차 가격이 상대적으로 비쌀 수 있습니다.

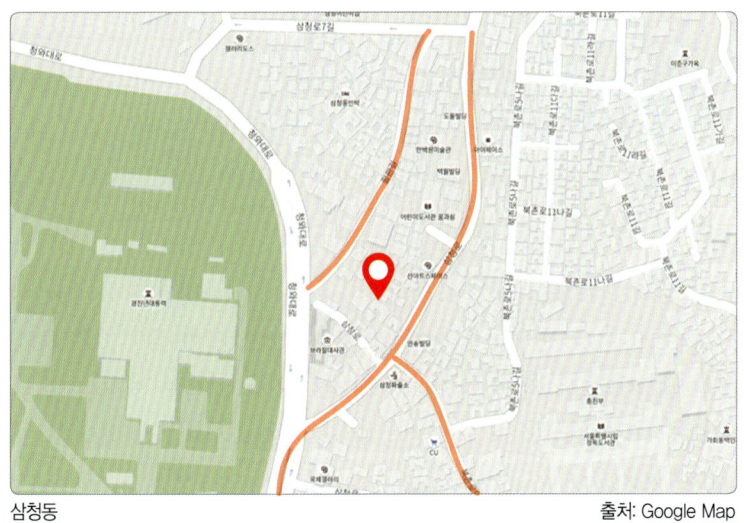

삼청동   출처: Google Map

삼청동은 높은 건물이 없으며, 동네 길들이 좁습니다. 망원 렌즈를 사용할 만한 장소도 적은 편이며, 유동 인구는 많은 편입니다. 어떻게 보면 촬영하기 힘든 곳이지만 다른 번화가들에 비해 작고 아기자기한 건물들과 특유의 한옥들도 있어서 생활 한복 촬영에도 유리하며, 캐주얼 촬영에도 좋습니다. 오피스룩 촬영을 위한 모던한 느낌, 현대적인 느낌을 내기에는 상대적으로 어려운 점이 있는 곳입니다.

그 이외의 괜찮은 장소를 보자면, 파주출판단지, 백현동(판교) 카페거리, 합정-상수 카페거리, 별내 카페거리, 광교 카페거리도 쇼핑몰 촬영을 하기에 괜찮은 곳들입니다. 파주출판단지는 유료 야외 촬영 지역이 있으며, 허가 받지 않을 경우 제지당할 수 있습니다. 별내와 광교 카페거리의 경우는 대부분이 건물 주변에 주차된 차들로 인해서 거리가 덜 예쁜 사진이 나올 경우가 많으니 주의해야 합니다. 제법 먼 곳의 카페거리로 촬영을 나가게 되는 경우에는 미리 조사하여 실내 촬영(대관)이 가능한 카페를 섭외한 후 야외 촬영과 병행하는 것도 좋은 방법입니다.

> **TIP 야외 촬영을 할 때 매장 앞 촬영 주의사항**
> - 매장 입구 앞에서 촬영하거나 매장에 출입하는 손님들에게 불편을 줄 경우 즉시 제지를 당할 수 있으니 영업시간에 매장 입구 쪽에서 촬영은 피합니다.
> - 매장 상호가 나오지 않는 것이 좋으며, 혹시 촬영이 되었을 경우, 포토샵 편집을 할 때 지우거나 뿌옇게 처리하는 것이 좋습니다.
> - 명품 브랜드의 상호가 촬영되어 홈페이지에 업로드까지 될 경우, 소송 및 불이익이 발생할 수 있습니다.
> - 경호팀이 있는 곳에서 허가 없이 촬영하다가 메모리를 포맷 당하는 경우까지 발생할 수 있으니 주의하여야 합니다.
> - 전화나, 문서 등으로 사전 촬영 신청 또는 협의하여 촬영하는 것이 가장 이상적입니다(현장에서 문의하는 것도 가능).

|03| 야외 촬영과 스튜디오 촬영의 차이점과 보조 장비의 준비

야외 촬영과 실내 촬영의 차이라고 하면 공간의 차이입니다. 스튜디오나 대관된 카페 등의 장소는 분명 한정되어 있지만, 야외 촬영은 방향을 잡기에 따라 아주 넓은 공간도 만들 수 있습니다. 따라서 망원 렌즈처럼 넓은 공간이 필요한 렌즈의 사용이 쉬워짐으로써 아웃포커스(Out Focus)를 선호하거나 멀리서 모델을 당겨 찍는 목적으로 적합합니다. 꼭 야외라고 해서 망원 렌즈를 써야 한다는 의미보다는 실내에서 쓰기는 힘들다 보니 자사의 이미지가 망원 렌즈로 표현하기 쉽다면, 야외에서는 충분히 잘 활용할 수 있다는 뜻입니다.

또 다른 차이는 바로 빛의 컨트롤입니다. 스튜디오나 실내에서는 창으로 들어오는 빛, 실내에 설치되어 있는 조명, 그리고 임의로 조작할 수 있는 플래시 등으로 촬영자가 빛을 컨트롤할 수 있는 폭이 크다면, 야외 촬영에서는 많이 불리하게 됩니다. 왜냐하면 태양을 컨트롤 할 수 없기 때문입니다. 그렇다면 우리들이 할 수 있는 일은 보조 도구를 이용하는 것입니다. 보조 인력이 있다면, 반사판을 이용하여 더욱 화사한 사진을 만들어 볼 수 있습니다. 그러나 유동 인구가 많은 곳에서는 반사판을 들고 촬영하기가 불편할 수 있으며, 필요 이상으로 촬영하는 모습이 눈에 띄어 도심에서는 오히려 불편을 불러올 수 있습니다. 그리고 카메라에 장착하는 소형 플래시를 이용하면 얼굴의 그림자나 어두운 부분을 밝게 채울 수 있지만, 플래시 광량과 카메라와의 연결 및 컨트롤로 인한 거리적, 방향적 불편함이 있을 수 있습니다.

그 외 결과물과는 상관이 없지만, 충분한 여분의 배터리와 메모리는 늘 확인해야 합니다. 스튜디오에서는 충전기로 충전을 할 수도 있으며, 스튜디오에서 카메라나 메모리를 빌려 사용할 수도 있습니다. 하지만 야외에서는 힘든 부분이기에 항상 체크하여 현장에서 촬영에 지장을 주는 일이 없도록 해야 합니다.

작은 크기의 힙색이나 크로스 백, 메신저 백이 있으면 현장에서 편리합니다. 카메라 가방은 크고 무거워 야외 촬영을 할 때 늘 들고 이동하기에는 힘들기 때문에 추가 렌즈 하나, 여분의 배터리와 메모리 정도만 넣고 메고 다녀도 부담스럽지 않은 보조 가방이 있으면 유용합니다.

> **TIP 야외 촬영을 할 때 유용한 준비물들**
>
> 야외 촬영을 할 때 조그만 공구 박스나 신발 박스 등을 이용하여, 촬영 서포트 도구들을 담아가면 현장에서 편리합니다. 예로 들면, 가위(=쪽가위), 테이프, 옷 먼지를 떼는 테이프(일명 돌돌이), 신발 깔창, 정전기 제거제, 헤어 스프레이, 실과 바늘, 물티슈, 휴지, 옷핀, 여성 의류의 경우 여분의 스타킹, 머리끈, 헤어핀 등을 박스에 넣어두고 휴대하면 유용할 때가 많습니다.

|04| 스튜디오가 아닌 실내 장소 섭외 방법

야외 촬영이 주는 장점을 버리기는 분명 힘이 듭니다. 하지만, 혹한, 혹서나 장마철처럼 날씨에 영향을 미칠 때는 어쩔 수 없이 선택하게 되는 곳이 스튜디오입니다(옷 컨셉과 회사의 촬영 방향에 따라 항상 스튜디오 촬영만 하는 업체의 경우도 있습니다).

자연광 및 좋은 시설들로 사용하기 괜찮은 스튜디오들이 많이 있지만, 그래도 스튜디오라는 인위적으로 세팅된 환경임에는 어쩔 수 없이 표시가 납니다. 그래서 그 아쉬운 부분 때문에 스튜디오가 아닌 장소를 섭외하게 되는데 그런 장소들은 인터넷 검색, SNS 검색, 블로그 검색 등으로 섭외할 수 있습니다.

핫플레이스는 SNS가 대세

트렌드에 따라가는 사람이라면 한두 개의 SNS는 하고 있을 겁니다. 여기서 알찬 정보를 얻는 방법은 좋은 팔로워들 피드와 깨알 같은 태그일 것입니다. 좋은 팔로워라면 같은 업계 사람들, 카페나 장소 대관업 종사자들이 있을 것입니다. 태그의 경우는 #장소대관 #카페대관 #촬영대관 #대관문의 등 직접적인 연관어 태그의 검색으로 찾아낼 수가 있습니다. 그렇게 찾아낸 장소의 관리자/오너에게 직접적으로 촬영 대관 문의를 하면 됩니다.

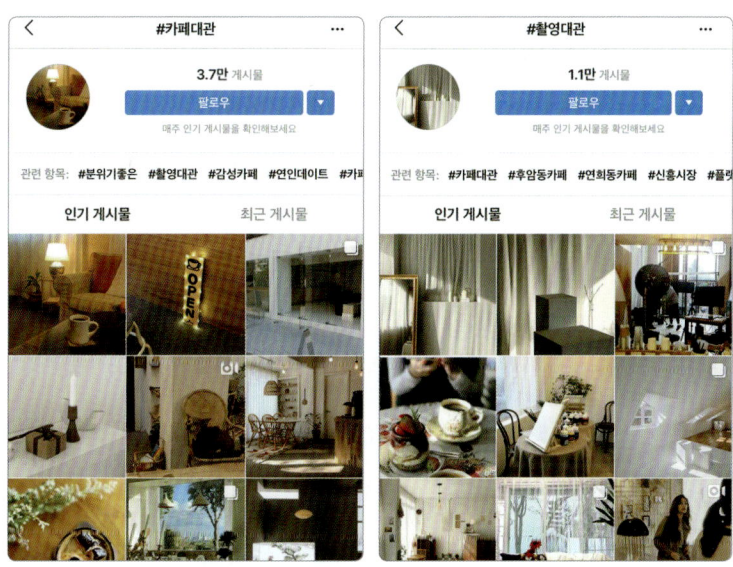

SNS 태그 검색으로 많은 이미지 및 정보를 얻을 수 있습니다.

: 블로그 검색으로 카페 및 대관 장소 검색

블로그의 특징이라면 잘 정리된 많은 사진들과 알찬 내용들일 것입니다. SNS의 태그와 같은 의미인 키워드를 통한 검색을 하는데, 지역명+카페를 통해 많이 검색합니다.

예 홍대 카페, 상수 카페거리, 백현동 카페거리

친절한 블로그 작성자 분들이 이미지와 간단한 글 이외에도 종종 카페 주소 및 전화번호까지 걸어두다 보니 대관문의하는 것이 쉬워졌습니다.

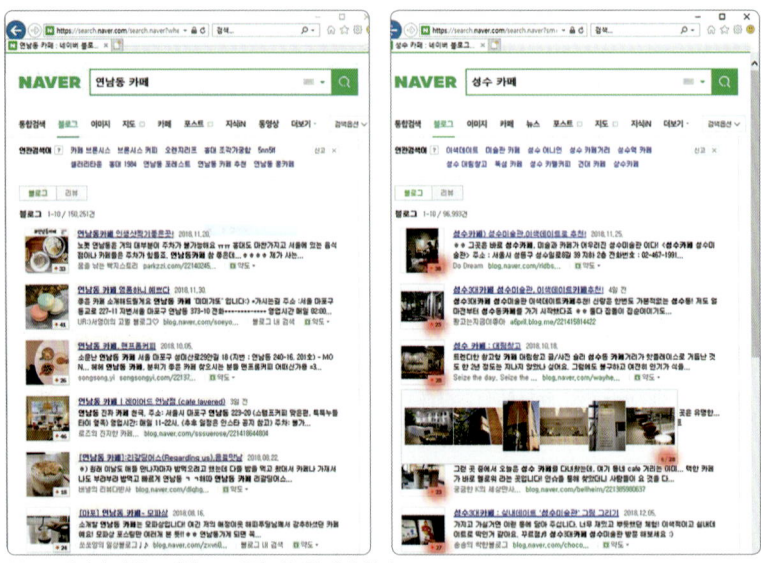

블로그 내에서 키워드 검색으로 대관 가능한 카페 찾기

우선 원하는 키워드로 검색을 한 후 통합 검색 카테고리보다는 블로그 카테고리로 이동하면 블로그 작성글만 확인할 수 있습니다. 여기서 체크해야 할 부분이 포스팅된 블로그의 사진이 10장 이상의 사진들로 구성되어 있는 곳들입니다. 10장 이하는 보통 카페 메뉴와 음식들 위주로 업로드되고 나면 블로그 내용이 끝나는 경우가 많기에 사진의 장 수가 많은 블로그 위주로 관찰해서 대관 가능한 카페를 찾아야 합니다. 많은 사진이 있다는 말은 메뉴판, 음식, 음료뿐만 아니라 건물의 외관, 실내 인테리어 분위기들까지 잘 표현된 사진들이 충분히 있다는 말이기도 합니다.

인테리어 및 분위기가 우리 쇼핑몰 촬영에 좋을 것 같은 카페의 위치와 전화번호를 블로그를 통해 알게 되면 일단 전화해서 쇼핑몰 촬영이 가능한지 물어만 보면 알아서 답변을 해줍니다.

> '인터넷 쇼핑몰인데, 혹시 촬영이 가능한가요?'라는 질문만 하면 카페 측에서 모든 조건의 대답을 해줍니다.

- 대관 가능하구요. 시간당 5만 원입니다.
- 촬영 가능하지만, 오전 시간에만 가능하구요. 음료 1인당 하나씩은 드셔야 합니다.
- 모델분이 SNS에 저희 카페 태그 걸어 올려주시면 대관됩니다.
- 브런치 인당 주문하시면 촬영됩니다.
- 손님 많은 시간만 피해주시면 촬영 가능합니다.
- 대관은 하고 있지 않습니다.

이렇게 문의만 하면 긍정이든, 부정이든, 비용이 들든 아니든 답변들을 해주기 때문에 자사 쇼핑몰과 적합한 이미지의 장소를 발견했다면 주저하지 말고 문의해보세요.

이렇게 여러 카페들의 대관 여부를 조사한 후 촬영 가능한 카페의 실내 이미지들을 스크랩북이나 화면 캡처를 해서 모아 둔다면 다음 번 카페 촬영 때 충분히 활용 가능한 대관 카페 데이터베이스가 될 것입니다.

TIP 무분별하게 막 이용해 버린 카페는 또 기회를 주지 않는다

가끔씩 저렴한 대관 카페나 무료 촬영이 가능한 카페를 알게 될 경우 비용 절감이 되기 때문에 더없이 기쁠 수 있습니다. 하지만, 테이블을 2~3개 이상 차지한다든지, 내부에 손님이 있음에도 피해를 준다든지, 화장실 및 편의시설을 깨끗하게 쓰지 않게 될 경우 무료였던 카페가 유료화가 되든지, 대관을 하지 않게 된다든지, 가격이 오르든지 하는 상황이 생기게 됩니다. "지금 나만 잘 쓰면 돼"라는 마음보다는 앞으로 나도 종종 이용하고, 업계분들이 저렴하게 이용할 수 있는 곳이 될 수 있게 잘 사용한다면, 좋은 카페들을 계속 만날 수 있을 것입니다.

TIP 카페 촬영에 좋은 장비란?

카페들이 생각보다 좁은 곳이 많습니다. 그래서 카페 촬영을 가게 되면 광각 렌즈가 있을 경우 챙겨 가면 좋습니다. 그리고 카페의 실내 조명이 밝은 것보다는 분위기 있는 조명이 설치되어 있는 경우에 은은한 조명 빛과 창에서 드는 자연광만으로는 노출이 어둡게 나올 수 있습니다. 그렇다고 사진 촬영용 조명을 쓸 여건이 되는 경우도 아닙니다. 이럴 때는 광각에서 표준 사이의 밝은 단렌즈를 사용하는 것도 효과적일 수 있습니다(24mm F/1.4 렌즈, 28mm F/1.8 렌즈, 35mm F/1.4 렌즈 정도입니다). 그리고 사람들이 많이 있는 장소에서는 서로의 부담을 줄여줄 수 있는 크기의 미러리스도 효과적입니다. 최근에는 카메라 성능이 좋아진 스마트폰으로도 촬영을 많이 하고 있는 추세입니다.

|05| 왜곡된 결과물을 줄이기 위한 촬영 자세

캐주얼이나 데일리 스타일의 촬영 때는 구도나 앵글에서 많이 자유로운 편이지만, 오피스룩이나 룩북 촬영 같은 상대적으로 정적인 촬영을 할 때는 안정적인 구도와 앵글 그리고 왜곡 줄이기에 더 신경을 쓰는 편입니다. 그래서 수직과 수평을 잘 맞춰 촬영된 균형 잡힌 사진을 더 필요로 하기도 합니다. 이런 부분은 카메라의 촬영 높이와 앵글에서 주로 컨트롤됩니다.

카메라의 높이에 따른 특징

- 모델의 키가 더 커 보일 수 있음
- 역동적인 활동성을 표현하기에 좋음
- 인물의 턱선이 강하게 표현됨
- 모델이 카메라를 응시할 때 내려다보는 시선으로 표현됨
- 광각 렌즈로 전신을 촬영할 때 배경이 뒤로 넘어가는 느낌으로 표현될 수 있음

- 모델의 배꼽에서 명치 정도 높이까지 카메라 위치를 유지
- 체력을 많이 필요로 하는 자세
- 수평, 수직 틀어짐과 왜곡 잡는 것에 유리함
- 모델의 비율 및 얼굴을 가장 안정적으로 표현할 수 있음(다리가 길게 보이거나 얼굴이 갸름해 보인다는 말은 아님)

- 모델의 턱선은 비교적 갸름하게 표현됨
- 모델의 상체는 커 보이고, 하체는 짧아 보임
- 얼굴을 귀여운 느낌으로 표현할 수 있음
- 광각 렌즈를 이용한 데일리 촬영을 할 때 얼굴은 자르고, 코디된 옷을 집중시키는 촬영에서 많이 이용됨
- 광각 렌즈로 전신 촬영을 할 때 배경이 앞으로 넘어오는 느낌으로 표현될 수 있음

: 카메라 높이와 앵글에 따른 결과물

| LOW 앵글 | MIDDLE 앵글 | HIGH 앵글 |

지금까지의 내용으로만 보면 MIDDLE 앵글에서의 촬영이 제일 좋은 것처럼 받아들일 수 있지만, 그렇게 이해하는 것보다는 쇼핑몰 촬영에서 전신 촬영을 할 때 왜곡이 적은 촬영 정도로 인식하면 됩니다. 또한, 기본적인 결과물을 만드는 것에 MIDDLE 앵글이 이용되고, 그 외 결과물을 만드는 데 있어서는 회사의 촬영 컨셉에 맞게 촬영하되, 카메라의 높이나 앵글에 대해서 너무 연연하지 않고 촬영하면 됩니다.

> **TIP** MIDDLE 앵글 촬영의 컷 수 분배
>
> 웹디자이너/리터처 분들이 작업할 때 전신 컷들이 꼭 필요합니다. 상반신 컷이 모자라면, 전신 컷에서 잘라 사용할 수 있지만, 전신 컷 자체가 적어 버리면 상세 디자인을 할 때 다양한 표현이 어려울 수 있으므로, 포토그래퍼들은 보통 촬영할 때 안정적인 전신을 먼저 촬영해 두고, 이후 다양한 표현이나 앵글을 잡는 경우가 많습니다. 처음부터 예쁜 모델의 표정에 필(feel) 받아서 상반신 및 클로즈업 촬영을 먼저 하다 보면 나중에 전신 컷이 모자라는 경우를 겪을 수도 있고, 만약 하의도 신상일 경우 결과물에서 하의 컷이 모자랄 수도 있기 때문입니다. 최소한 안정적인 구도의 전신 컷은 30컷 정도(또는 그 이상)는 촬영해두는 것이 좋습니다. 단, 너무 법칙처럼 꼭 이렇게 해야 한다고 받아들이지는 말고, 여러 경우를 대비해야 한다는 생각으로 촬영을 하면 됩니다.

하나의 코디를 다양한 앵글로 표현

LOW 앵글

- LOW 앵글에서 보여지는 활동적인 표현
- 사람이 커 보이는 느낌
- 턱 아래와 목선이 잘 들어나기도 함

MIDDLE 앵글

- MIDDLE 앵글은 정적일 수 있지만, 왜곡이 덜하며, 안정적으로 전신을 표현

HIGH 앵글

- 내려다보는 느낌이 많이 나는 HIGH 앵글은 가까이서 마주 보고 있는 느낌이 강하여 데일리 촬영을 할 때 많이 이용됨
- 옷에 집중되는 촬영이 가능

야외 촬영, 태양빛, 그림자

|01| 빛과 그림자 그리고 질감 표현

야외 촬영 중 장소, 날씨, 인파 등과 싸우게 되는데, 특히나 기본적으로 가장 많이 맞서게 되는 것이 태양빛입니다. 우리가 바꿀 수 없는 태양빛이지만, 적절히 활용하면 따뜻한 느낌을 만들 수 있으며, 옷의 질감도 살릴 수 있습니다. 하지만, 잘 활용하지 못하게 되면 모델의 얼굴이나 옷의 밝은 부분들을 하얗게 날려버려 쓸모없는 사진이 되거나 부드러운 사진을 원했는데 강한 사진이 되기도 합니다. 그래서 추구하는 컨셉이나 모델의 느낌, 옷의 질감 등을 표현하기 위해서 다양한 시도를 해볼 필요가 있습니다.

측면에서 빛을 받았을 때의 질감 표현

그림자 영역이 아닌 곳에서 측면에 빛을 받게 되면 질감이 강하게 표현되고, 그림자가 많이 생김과 동시에 따스한 느낌도 나타납니다. 단점으로는 옷의 작은 구김도 강하게 표현될 수 있습니다.

직광이 없는 그림자 내부에서의 질감 표현

그림자 내부에서의 촬영은 안정적인 결과물이 나올 수 있지만, 따스함의 표현이나 질감의 표현이 비교적 덜 느껴집니다. 위의 그림과 같이 흰색 또는 밝은색의 옷을 촬영할 때는 그림자 밖에서 강한 빛에 많이 노출되면 오히려 하얗게 날아갈 수 있음을 주의해야 합니다. 그리고 그림자 내부에서는 모델이 얼굴을 찡그리거나 눈을 뜨는 데 불편함이 없기에 더 안정적인 표정을 지을 수 있습니다.

완전히 그림자 내부에서는 깨끗해 보이지만, 반짝거리는 금색실 소재감의 표현이 약하며 굵은 실로 짜여진 원단이 잘 표현되지 않은 것을 볼 수 있습니다.

측면에서 빛을 받게 하여 촬영해 보았더니 빛을 받은 면의 질감 표현이 잘 되고 있지만, 음영의 폭이 너무 커져 있음을 확인할 수 있습니다. 질감 표현이 강하게 나타나는 것이 장점이자 단점입니다.

빛을 정면에서 많이 받는 방향에서의 결과물은 전체적으로 잘 보입니다. 조금 거친 느낌은 들지만 질감도 잘 드러나 있습니다.

> **TIP** 빛의 방향에 따라 달라지는 결과물
>
> - 거친 질감을 표현할 때는 빛이 측면에서 들어오면 잘 표현이 됩니다.
> - 부드러운/깨끗한 면의 경우에 그림자 내부에서나 역광에서 찍으면 부드러움은 유지됩니다. 하지만, 좀 더 입체적으로 표현하고자 한다면 측면 빛을 활용할 수 있습니다.
> - 시스루나 얇은 원단의 투과 느낌을 표현할 때는 역광 촬영이 유리할 수 있습니다.
> - 겨울철 의류들은 빛을 많이 받게 하여 따뜻한 질감 표현을 많이 합니다.
> - 퍼, 앙고라, 털 소재의 경우는 역광 상태일 경우 실루엣 부분의 디테일이 한 올 한 올 따스한 느낌으로 잘 표현됩니다.

|02| 빛의 방향에 따른 얼굴 표현 및 모델의 느낌

빛의 방향에 따라 얼굴에 생기는 그림자와 콘트라스트 차이로 인해 다양한 분위기로 표현이 됩니다. 옷의 질감이나 모델의 얼굴형 특성을 고려하여 빛의 방향을 잘 조절한다면, 더 좋은 결과물을 만들 수 있습니다.

순광의 특징

- 빛을 정면으로 받게 되어 전체적으로 잘 보이는 사진이 됩니다.
- 피사체의 따뜻한 느낌을 살리기 쉬우며, 역광보다는 질감이 잘 살아 있습니다.
- 인물 사진의 경우 눈을 뜨기 어려운 상황이 많이 발생하여 인상을 찌푸리게 되는 경우도 있습니다.

사광의 특징

- 빛이 정면보다는 측면으로 조금 이동되어 비춰지는 상태이며, 인물의 경우 가장 갸름하게 나오는 빛입니다.
- 인물의 이목구비를 또렷하게 표현하며, 질감을 잘 살려주어, 콘트라스트도 높은 편입니다.
- 태양의 높이에 따라 약간의 차이는 있지만, 순광과 더불어 인물이 눈을 편안히 뜨기에는 불편한 감이 있습니다.

측광의 특징

- 좌측 또는 우측에서 빛이 들어오는 경우이며, 콘트라스트 비율이 가장 높습니다.
- 피사체를 강하게 표현할 수 있지만, 빛의 반대쪽은 매우 어두워짐으로 암부쪽 디테일 표현이 어려워집니다.
- 부드러운 표현을 하기에는 부적합할 수 있습니다.

역사광의 특징

- 좌 또는 우측 대각선 뒤쪽에서 빛이 들어오는 상황이며, 머리 및 어깨에 실루엣을 살려줍니다.
- 인물 사진의 경우 역광과 더불어 눈을 편안하게 뜰 수 있는 상황이며, 얼굴에 지는 큰 그림자들이 별로 없어 편안한 느낌으로 표현이 됩니다. 단, 얼굴의 입체감은 부족할 수 있습니다.

역광의 특징

- 뒤쪽에서 비추는 빛의 특성상 실루엣이 전체적으로 잘 살고, 머리카락 같은 경우에는 밝게 표현이 됩니다.
- 눈이 덜 부셔 인물의 표정도 편안하게 보입니다.
- 실루엣을 제외한 부분에서는 콘트라스트 비율이 적어 섬세한 질감을 살리기에는 불리합니다.
- 포토그래퍼가 눈이 부실 경우가 많으며, 순광일 때보다 노출을 잡기가 더 불편합니다.

|03| 그림자 안과 밖의 촬영

야외 촬영을 할 때 태양의 방향으로 인해서 콘트라스트의 강/약이 달라지기도 하며, 얼굴 그림자의 변화도 생기는 것을 봤습니다. 순광이나 정면측에서 빛이 들어올 때는 따스하기도 하면서 환함이 유지되는 반면에 얼굴에 그림자가 강해지거나, 모델이 편안한 표정을 유지하기가 힘이 듭니다. 그래서 그림자가 덜지는 얼굴과 모델의 편안한 표정을 위해 그림자 내부로 들어가서 촬영을 하게 되는데, 그렇게 되면, 햇살의 따뜻한 기운과 환한 느낌은 줄어들게 됩니다.

이럴 때 순광의 따스함 유지와 그림자에서의 깨끗한 얼굴과 편안한 표정을 어느 정도 함께 유지할 수 있는 방법을 보겠습니다.

Nikon D5 + AF-s 24-70mm F/2.8 VR, 매뉴얼 모드, 1/1000초, F/2.8, ISO 200

햇빛이 강한 날에는 작은 그림자 내부에 살짝 들어가 촬영하면 화사한 느낌이 유지되고, 얼굴에는 강한 그림자를 피할 수 있습니다.

> **TIP** 촬영 방향 변경, 빛의 방향 변경, 구름의 변경에 따른 노출 변화
>
> 야외 촬영 시 날씨가 아주 중요한 변수입니다. 그리고 현장에서의 소소한 변화도 무시할 수 없습니다. 역광에서 순광으로, 순광에서 사광으로 빛의 방향만 바뀌어도 모델에게 비춰지는 빛의 밝기 차이가 많이 생깁니다. 그래서 촬영 방향, 빛이 들어오는 방향이 바뀌게 되면 최우선적으로 LCD 화면을 통해서 밝기의 변화가 생겼는지 파악합니다. 어둡게 나온다면, 매뉴얼 모드일 때는 조리개를 개방하던지, 셔터스피드를 느리게 하던지, ISO 값을 올려야 하고, 밝게 나왔다면, 반대로 조작을 합니다. 조리개 우선 모드 또는 셔터스피드 우선 모드 같은 반자동 모드일 경우에는 사진이 어둡게 나오면 노출 보정을 +(플러스)쪽을 더 주어야 하고, 사진이 밝게 나왔다면, 그 반대인 -(마이너스)쪽으로 조절합니다.

5월의 12시경 태양의 위치는 높습니다. 머리카락 그림자, 턱선 그림자, 코끝 그림자, 그리고 속눈썹에도 그림자가 생깁니다. 분명 덜 예쁠 수 있지만, 의류의 질감 표현에는 유리할 수 있습니다. 이런 강한 빛은 선글라스를 착용한 컨셉의 촬영에서는 오히려 더 좋을 수 있습니다.

Nikon D5 + AF-s 24-70mm F/2.8 VR, 매뉴얼 모드, 1/1600초, F/2.8, ISO 100

위에서 내리 쬐는 빛이 강하여 그림자 내부로 이동하는데, 그림자는 최대한 좁거나 작은 그림자를 선택합니다. 이렇게 해야 주변 벽이나 바닥에서 반사되는 빛을 더 받을 수 있기 때문입니다. 햇볕 속에서보다는 얼굴에 그림자가 덜 생겨 전체적으로 깨끗한 느낌을 줄 수 있지만, 질감의 표현이나 입체적인 느낌은 분명 덜 듭니다.

Nikon D5 + AF-s 24-70mm F/2.8 VR, 매뉴얼 모드, 1/800초, F/2.8, ISO 100

Canon 5D mark3 + EF 35mm F/1.4L, 매뉴얼 모드, 1/800초, F/1.6, ISO 200

> **TIP** 햇볕 아래와 그림자 아래에서 화이트 밸런스 조절하기
>
> 대부분의 카메라에서는 화이트 밸런스를 조절할 때 색온도(K)를 조절하는 옵션이 있습니다. 태양광을 직접적으로 받고 있을 때는 색온도 5000K~5200K 정도면 적당합니다. 위의 사진에서처럼 작은 그림자 내부에 들어갔을 경우 색온도는 5300K~5500K 정도면 나쁘지 않습니다. 만약 큰 그림자 내부로 깊이 들어가서 촬영하게 된다면, 사진은 더욱 차갑게 보이게 됩니다. 그래서 카메라에서는 더 따뜻하게 보이게 하기 위해 색온도 값을 올려줍니다.
>
> 큰 그림자 내부의 경우는 색온도 편차가 큰 편이고, 5700K~7000K 정도의 범위입니다. 그림자의 크기, 진하기, 그림자를 만들어 주는 건물 또는 큰 구조물은 색상 등 변수가 많기에 여러 색온도 값으로 테스트하면서 알맞은 값을 찾아가며 촬영해야 합니다.
>
> 구형 보급 기종 카메라의 경우 색온도 조절 기능이 없을 수 있습니다. 그럴 경우 맑은 날, 흐린 날, 구름, 그림자 등 카메라에 미리 세팅된 화이트 밸런스 옵션에서 선택하거나 RAW 파일로 촬영 후 보정하는 방법이 있습니다.

|04| 역광 촬영하기

앞서 196쪽에서 간단히 소개된 역광(逆光)은 말 그대로 '피사체의 뒤쪽에서 비춰오는 빛'입니다. 그로 인해 피사체의 정면보다는 후면이 더 밝기에 그 차이로 모델의 실루엣이 잘 살아나는 특징이 있습니다.

역광에서는 윤곽선을 따라 밝게 실루엣이 생겨, 라인을 더 돋보이게 만들어 줍니다.

역광은 어깨라인, 헤어라인을 잘 살려줍니다. 이런 장점을 이용해서 뽀송뽀송한 재질의 옷이나 퍼(Fur) 제품을 촬영하기에도 좋고, 따스한 햇살 느낌까지 더할 수 있습니다.

이렇게 역광이 주는 좋은 점들도 있지만, 역광 촬영 시 발생되는 단점과 문제점들이 있는데 이를 해결/개선 방법을 보도록 하겠습니다.

헤어와 어깨선이 밝게 들어난 모습

> **TIP** 역광으로 촬영된 사진 보정 방법

콘트라스트 처리

레벨 처리

커브와 콘트라스트 처리

역광 촬영 시 문제점	해결 방법
수동 모드로 촬영 시 역광 상황이 되니 사진들이 갑자기 너무 밝게 촬영됩니다.	피사체의 밝기와 상관없는 빛이 바로 렌즈 속으로 들어오게 되면 사진이 수동 모드에서 많이 밝아질 수 있습니다. 우선 셔터스피드를 살짝 빠르게 조정해가면서 촬영하거나, 조리개를 조이거나, ISO를 낮게 설정할 수 있습니다. 역광이 강할 때는 후면 LCD를 통해 리뷰를 자주하는 것이 실패한 사진들을 줄일 수 있는 방법입니다.
사진에서 뿌연 느낌이 납니다.	뿌옇다는 상황은 왼쪽 아래 사진처럼 렌즈 속으로 빛이 들어온 경우입니다. 피사체는 그대로 두면서 포토그래퍼는 그림자 영역으로 들어와서 촬영하는 방법이 있으며, 후보정으로 커브에서 콘트라스트 값을 주거나 레벨 값을 주는 방법으로 어느 정도 뿌옇게 된 사진을 잡는 방법도 있습니다.
사진에서처럼 둥근 빛 모양이 생깁니다.	강한 빛이 렌즈 내부에서 빛 반사를 일으켜 생기는 현상으로 '고스트 현상'이라고 부릅니다. 완벽히 막을 수는 없지만, 줄일 수 있는 방법은 다음과 같습니다. • 렌즈 후드를 필히 장착합니다. • 저렴한 UV 필터의 경우는 MCUV(멀티코팅) 필터로 대처를 하거나 필터를 제거하고 촬영합니다. 고스트나 플레어(빛이 찢어져서 퍼지는 현상)가 그리 심하지 않다면, 함께 적절히 담아 따스한 사진, 감성적인 사진으로 활용합니다.

Nikon D5 + AF 16-35mm F/4, 매뉴얼 모드, 1/400초, F/4, ISO 200

빛이 렌즈 속으로 들어오는 환경이라 뿌옇게 된 것과 고스트 현상이 보입니다.

Nikon D5 + AF 16-35mm F/4, 매뉴얼 모드, 1/640초, F/4, ISO 200

렌즈 내부로 직접적인 빛이 안 들어올 정도로 촬영자가 그림자로 들어와서 촬영했더니 뿌연 현상이 사라졌습니다.

역광 촬영이 주는 가장 큰 장점에는 따스한 느낌과 감성적인 부분도 있습니다. 옷을 팔아야 하는 쇼핑몰 사진이지만, 예쁜 감성 사진들이 함께 있으면 구매를 자극하는 요소로도 도움이 됩니다.

Nikon D5 + AF16-35mm F/4VR, 매뉴얼 모드, 1/250초, F/4, ISO 400

알고 갑시다! 해가 기울 때 역광 촬영 예쁘게 하기

해가 저물어 갈 때는 높게 떠 있던 때보다 좀 더 붉게 빛납니다. 이럴 때 태양이 잘 비춰지는 방향으로 촬영 방향을 잡고 뷰파인더 좌측 또는 우측 상단 끝부분에 태양이 살짝 걸리도록 위치합니다. 그러면 구석에 빛이 예쁘게 퍼지는 것을 관찰할 수 있습니다.

Nikon D5 + AF 24-70mm F/2.8 VR, 매뉴얼 모드, 조리개 F/2.8, 셔터스피드 1/400초, ISO 500

바닥이 반사판이 될 때

다음 두 사진은 역광 상황과 빛이 많이 내리쬘 때의 상황입니다.

Canon EOS 1DX, EF 24-70mm F/2.8L, 매뉴얼 모드, 1/2000초, F2.8, ISO 200

역광 상황이였음에도 불구하고 밝은 모래사장의 바닥이 대형 반사판 역할을 해줘서 얼굴에 비교적 화사함을 줄 수 있었습니다.

Canon EOS 1DX, EF 24-70mm F/2.8L, 매뉴얼 모드, 1/2000초, F2.8, ISO 400

강한 햇빛이 내리쬐는 상황에서 직접 닿는 빛을 피해 야자수 그림자 내부에서 촬영을 하였습니다. 고맙게도 반짝이는 해변 모래들의 빛 반사로 인하여 얼굴에는 마치 반사판을 대어 환해진 것과 같은 모습을 볼 수 있습니다.

> **TIP 밝은 바닥은 반사판 역할을 할 수 있다**
>
> 촬영을 하다 보면 역광의 상황이나 그림자 내부에서 촬영하게 되는 경우가 있습니다. 이럴 경우 얼굴에 화사한 감이 부족해 보일 수 있지만, 주변의 밝은 바닥, 밝은 벽이 있는 곳이라면 그 바닥과 벽들이 반사판 역할을 해주어 평소보다는 좀 더 화사한 모습으로 나오게 됩니다. 겨울철에서의 눈밭에서도 마찬가지입니다.

CHAPTER

06

YOU ARE
A REASON TO
smile
Now
Super Lens Series
50 mm 1:3 F
12339983

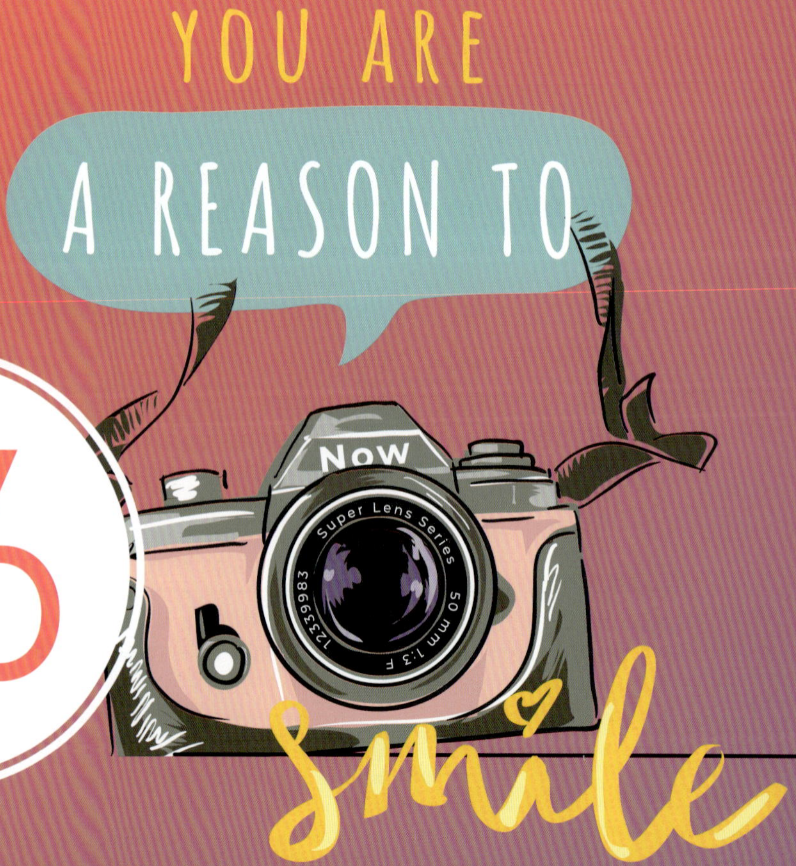

촬영 후 피드백

Section 01 예술 사진이 아닌 상업 사진으로서의 접근
Section 02 촬영 리뷰

예술 사진이 아닌 상업 사진으로서의 접근

|01| 핏감, 옷감이 잘 보이는 사진

우리가 찍는 사진들이 예쁘고, 감성에 자극을 주고, 잡지 광고 사진처럼 멋지게 나오는 것도 중요하지만, 결국은 온라인에서 제품을 팔아야 하는 사실에는 변함이 없습니다. 직접 만져보고, 입어보고, 신어보고 할 수 없기에 사진은 구매자가 대리 만족을 느끼게 하고, 구매로 이어지게 하여야 합니다. 그렇기 때문에 제품의 질감이 잘 드러나는 사진, 확실한 핏(Fit)감을 보여줄 수 있는 사진은 필수입니다.

Nikon D5 + AF-s 24-70mm F2.8N, 매뉴얼 모드, 1/800초, F/2.8, ISO 250

햇살이 들어오는 역광에 빛망울도 보이고, 얼굴선도 예쁘게 살아 있습니다. 친분으로 그 사람의 이미지를 담아주고, 감성적인 인물 사진을 촬영한다면 충분히 괜찮은 사진일 수 있습니다. 그리고 분명 쇼핑몰 제품 사진에도 첨가될 수 있는 사진입니다. 그러나 감성적인 사진 위주로 채워진다면 고객들이 옷의 재질이나 핏 등 전체적인 감을 잡을 수도 없을뿐더러 코디된 여러 아이템들도 확인하기 힘들 수 있습니다.

이런 사진들은 고객들에게 코디 제안, 색상, 핏감, 질감 등 제품의 정보가 담긴 사진들이 충분히 제공되고, 추가로 첨가되어 감성적인 부분을 자극해야 합니다. 그래서 전신 사진, 옷의 라인이 잘 살아 있는 사진들은 반드시 촬영되어야 합니다.

Nikon D5 + AF16-35mm F4VR, 매뉴얼 모드, 1/640초, F/4, ISO 400

Nikon D5 + AF16-35mm F4VR, 매뉴얼 모드, 1/250초, F4, ISO 1000

이와 같은 사진은 전신을 다 보여주는 화각과 앵글로 핏감을 보여주고, 전체적으로 코디되어 있는 아이템들도 다 확인할 수 있습니다.

그리고 옷에만 집중되게 하는 촬영 방법이 있는데, 데일리 촬영에서 많이 쓰이는 기법 중 근접해서 내려 찍으면 옷에 집중이 되면서 핏감을 보여줄 수 있습니다. 단, 광각 영역으로 주로 촬영하다 보니 많은 왜곡이 보일 수 있습니다.

Nikon D5 + AF16-35 F4VR, 매뉴얼 모드, 1/250초, F/4, ISO 1000

분명 207쪽 하단의 사진은 얼굴도 보이지 않으며, 광각 렌즈의 왜곡이 많이 들어가 있는데, 앵글마저 바닥을 향해 있고, 너무 중앙 구도입니다. 물론 옷에 집중되는 점도 있지만, 사진학적으로 보면 실패한 사진일 수 있습니다. 하지만, 일상에서 누군가를 가까운 거리에서 마주 보고 있는 느낌이 납니다. 이런 부분은 데일리 스타일 쇼핑몰 사진에서 마주 보는 느낌으로 촬영되어 함께 있는 듯한 공감을 주는 방법입니다. 즉, 쇼핑몰 사진의 완성도를 논할 때 제품의 길이감, 질감, 피팅감처럼 간접 정보를 주는 부분은 필수이며, 구매자들에게 대리 만족감과 공감을 줄 수 있는 사진도 함께 있는 것이 유리합니다.

쇼핑몰 사진을 제품의 핏감과 디자인 그리고 컬러감의 표현으로만 완성할 수 없습니다. 또한 중요한 부분이 질감의 표현입니다. 봄이나 여름철의 의류들은 원단이 비교적 얇고, 디테일이 단순한 편입니다. 하지만, 가을, 겨울철의 의류들은 두껍거나 니트처럼 굵은 올을 사용하거나, 퍼, 기모 등 다양한 원단과 소재감들이 있습니다. 이런 디테일들을 두툼하고, 따스하면서, 포근한 느낌을 사진상으로 잘 표현할 수 있어야 합니다.

안감이 기모로 되어 있는 의류입니다. 햇빛이 쨍한 날이었지만, 햇빛을 등지고 찍어 봤습니다. 밝기는 문제가 없지만, 질감 표현에서 일반 면의 느낌이 아님을 알 수 있으나 정확한 질감의 표현이나 따뜻한 느낌을 주지는 못합니다.

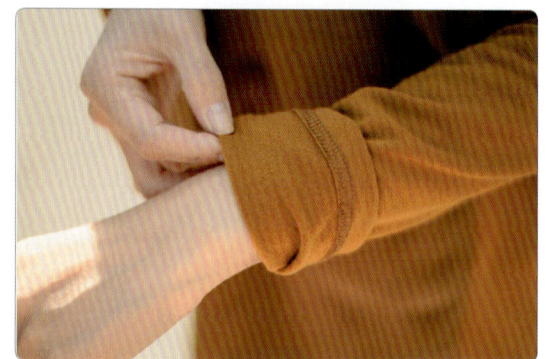

▲ A

[그림 A]와 달리 [그림 B]는 역광으로 햇빛을 받아들여 봤습니다. 뒤에서 들어오는 빛들 덕분에 옷감의 음영 차이가 커져서 훨씬 질감이 잘 사는 것을 볼 수 있습니다. 특히 겨울철 옷들의 경우 순광이든 역광이든 빛을 받아 촬영하는 것이 따뜻한 느낌을 살리는 데 도움이 됩니다.

▲ B

|02| 상세 페이지 디자인에 유리한 촬영

쇼핑몰 사진은 개인의 작품 사진과는 거리가 있습니다. 쇼핑몰 사진은 대중에게 좋은 제품이라고 어필하며, 다가가야 하는 사진이고, MD/Stylist + Photographer + Retoucher(Web designer)와의 협업으로 만들어지는 사진입니다. MD/Stylist가 기획하고 코디를 하면, 포토그래퍼가 이어받아 촬영을 합니다. 그리고 그 결과물을 리터처/웹디자이너들이 다듬어 최종 웹상으로 업로딩되어 고객들에게 보여지게 됩니다.

촬영자는 회사가 기획한 컨셉을 잘 소화해야함은 물론이고, 촬영 결과물을 리터처/웹디자이너들이 작업하기 유리한 결과물로 촬영해 줄 필요가 있습니다. 단독으로 진행되는 작업도 아닐뿐더러, 빠른 신상품 업데이트가 쇼핑몰의 매출 증대에 중요한 요소이기 때문에 협업하기 용이하게 촬영해야 합니다.

: 틀어진 사진 회전

Nikon D5 + AF50mm F/1.8, 매뉴얼 노느, 1/1600초, F/2.0, ISO 200

의류 쇼핑몰에서 모델 사진의 전신 컷은 필수적으로 들어갑니다. 전체 코디와 핏감을 한눈에 보기 위함과 전체적인 분위기를 담기 위함인데, 촬영 시 화면에 꽉 채워서 더 많이 보여줘야겠다는 욕심에서든지, 모델과의 거리 조절을 잘 하지 못해서든지, 모델의 전신 컷이 너무 가깝게 꽉 차서 촬영될 때가 있습니다. 촬영된 그대로 사용한다면 크게 문제될 것이 없지만, 촬영 결과물에서 사진의 수평, 수직이 틀어진 부분이 있으면 그냥 쓰기보다는 좀 더 안정적인 결과물을 위해 사진 보정 프로그램을 이용합니다. 그리고 틀어진 부분을 바로 잡으려 할 때 상하좌우의 여유 공간이 적은 상태에서는 위의 사진처럼 돌리기 힘듭니다.

◀ 많은 각도는 아니지만, 수직선만 살짝 맞춰 잡았는 데도 결과물이 이전보다 편안하고, 안정됨을 느낄 수 있습니다. 이렇듯 쇼핑몰 사진에서의 여백의 의미는 후보정을 위함도 있다고 보면 됩니다.

Nikon D5 + AF50mm F/1.8, 매뉴얼 모드, 1/1600초, F/2.0, ISO 200

: 안정적인 다리 늘리기

우리가 접하는 피팅 모델들은 어쩜 이렇게 몸매가 좋고, 비율까지 좋을까요? 실물로도 분명 너무도 예쁘고, 비율도 좋답니다. 하지만 촬영하다 보면 촬영자가 사용하는 렌즈나, 촬영할 때의 카메라 위치와 앵글에 따라 실제 비율보다 못하게 나오는 경우도 있습니다. 그리고 좀 더 훤칠한 느낌을 주고 싶은데, 굽이 낮은 신발을 신었다면, 평소보다 비율이 아쉽게 표현될 때가 있습니다. 이럴 때 다리 늘리기를 하게 되는데, 사진에서 모델의 발끝에서 하단까지의 여백이 적거나 없으면 다리 늘리기 보정을 하기가 힘들게 됩니다.

Nikon D5 + AF50mm F/1.8, 매뉴얼 모드, 1/1600초, F/2.0, ISO 200

사진에서처럼 꽉차게 전신이 촬영되었다면, 좀 더 좋은 비율을 만들기 위해서는 포토샵에서 캔버스 사이즈를 아래쪽으로 키워줘야 합니다. 그래서 그 공간을 이용해 다리 길이를 늘릴 수 있습니다. 그렇지만, 여백이 충분한 상태에서의 작업보다는 불편할 수 있습니다.

알고 갑시다! 타이트한 여백에서의 다리 늘리는 공간 만들기

포토샵 메뉴에서 [Image]-[Canvas Size]를 선택하고 사이즈 옵션을 'Percent'한 다음 Anchor 옵션에서 하단으로 확장을 선택합니다. Height를 '110Percent'로 설정한 다음 [OK] 버튼을 클릭하면, 하단부 여백이 생긴 이미지가 됩니다.
그 여백으로 모델의 다리를 늘릴 수 있습니다.

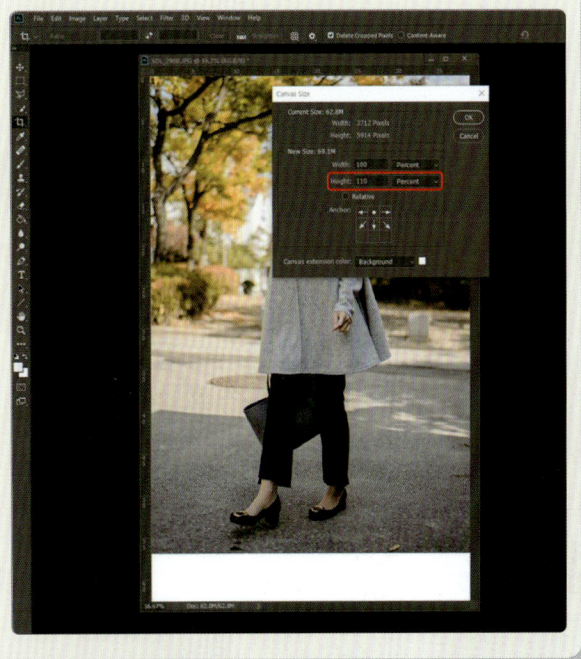

◀ 발아래 공간이 왼쪽 사진처럼 여유롭게 확보되어 있으면, 캔버스 사이즈 조정은 필요없이 간단하게 비율을 좋게 만들 수 있습니다.

Nikon D5 + AF50mm F/1.8, 매뉴얼 모드, 1/1600초, F/2.0, ISO 200

이렇게 상세 페이지를 만드는 것에 있어서 여백을 통한 리터칭에 도움을 주는 촬영을 할 수 있으며, 그 외에도 좀 더 웹디자이너들이 상세 페이지를 디자인함에 있어 다양성에 도움을 줄 수 있는 방법이 있습니다. 야외에서나 카페, 스튜디오에서 잠깐의 여유가 생기면 풍경도 좋고, 주변의 괜찮은 오브젝트 등을 찍어 두는 것인데요. 촬영된 모델과 제품 사진으로만 상세 페이지를 꾸미다 보면 식상해질 수 있습니다. 이럴 때 쉬어가는 의미에서 또는 감성적인 부분을 더 채워주는 요소로 사용할 수 있습니다. 그리고, 홈페이지 디자인이나 배너 광고 및 이벤트 마케팅 용도로도 이용할 수 있습니다.

스튜디오나 카페 촬영 시 찍어둔 이미지 파일 썸네일

◀ 간단한 문구와 이미지만으로도 상세 페이지 중간에 한 템포 쉬어가는 느낌을 줄 수 있으며, 계절, 제품의 컬러, 촬영장소의 분위기와 어우러지는 이미지가 들어간다면 더 좋을 수 있습니다.

◀ 임의로 만들어본 배너 이미지입니다. 이렇게 촬영 현장에서 제품만 찍는 것이 아니라 배경, 작은 소품들을 촬영해 둔다면, 상세 페이지를 디자인하는 데 있어서 좋은 소스로 활용됩니다.

촬영 리뷰

|01| 쇼핑몰 촬영의 방향성 체크와 리뷰

당연한 얘기지만, 나침반이 있고, 목적지가 있어야 배가 항해할 수 있듯이 우리들이 만들어내는 결과물도 목표점이 있어야 그에 맞는 방향으로 나아갈 수 있습니다. 다양한 시도도 중요하지만, 항상 체크해야 할 부분이 '자사의 판매 아이템 구성과 촬영 컨셉이 구매고객층에게 판매로 이어지도록 어필이 될 수 있는가?'입니다. Chapter 3_Section 2 [의류 쇼핑몰 사진 스타일별 유형 분석]에서 언급한 것처럼 그들이 좋아하는, 그들이 좋아할 만한 이미지/컨셉을 스크랩하고, 분석하고, 그것을 우리들이 촬영한 결과물과 꾸준히 비교, 수정해 나간다면 쇼핑몰 매출 증대에 기여하는 결과물에 더 다가갈 수 있지 않을까 합니다.

촬영 컨셉 및 방향성을 위한 스크랩 자료들

> **TIP 자사가 추구하는 이미지 메이킹을 위한 스크랩**
>
> 투명 비닐이 속지로 되어 있는 화일을 준비합니다. 잡지/화보 사진들, 벤치마킹하는 타사 쇼핑몰 사진들 중 자사의 이미지였으면 하는, 우리 고객들이 마음에 들고 좋아할 만한 결과물이었으면 하는 사진들을 스크랩해서 모아둡니다(스마트폰이나 패드를 통해서 캡처해도 무관합니다). 스크랩북 기준 5~6권 이상 모이면 그 사진들 중 베스트 컷을 추출하여 다시 한 권의 스크랩북을 만듭니다. 이렇게 선별되어 만들어진 이미지 사진들은 자사가 추구하는 이미지에 굉장히 가까워집니다. 그리고 메인 컨셉 스크랩북, 모델 포즈/표정 스크랩북, 리터칭 및 색감/레이아웃 북 정도가 마련된다면 함께 작업하는 스텝들에게 자사의 아이덴티티와 컨셉을 이미지로 전달하기도 쉬워집니다.

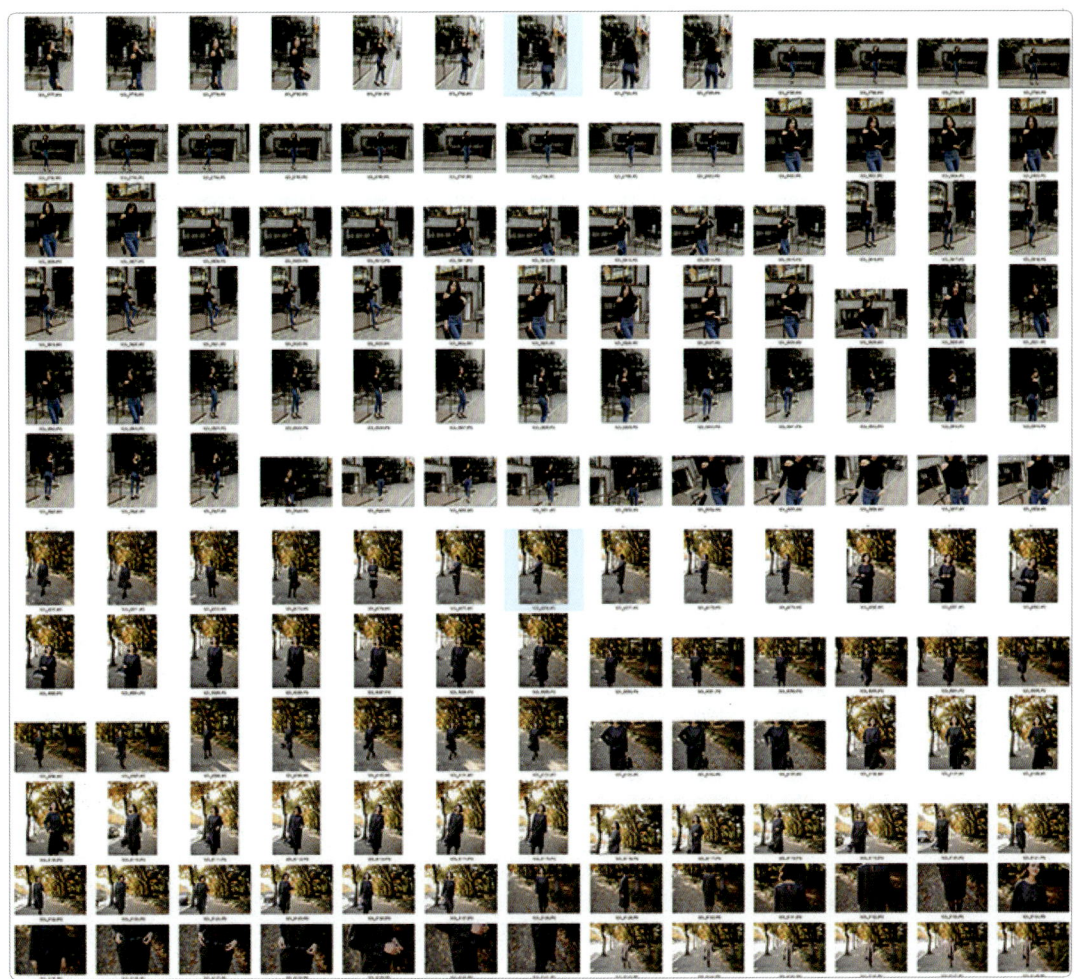

탐색기 화면에서 썸네일 보기로 띄워두면 전체적으로 자신이 촬영한 분위기, 가로/세로 촬영 비율, 컷 수 등을 파악할 수 있습니다.

촬영이 끝나면 사진 셀렉과 후보정이 들어가기 전에 촬영 리뷰를 많이 하게 됩니다. 리뷰 때는 처음부터 한 장 한 장 보기보다는 탐색기 또는 사진 뷰어 프로그램에서 썸네일로 띄워 먼저 봅니다. 가로 사진/세로 사진의 비율은 어떤지, 한 코디당 사진 컷 수는 적당한지, 코디수 대비 촬영량은 어떤지, 이런 부분들을 간략히 파악을 하며, 과하거나 부족한 부분은 다음 촬영 때 반영해 줍니다.

촬영 시간과 촬영 분량은 적절한가?

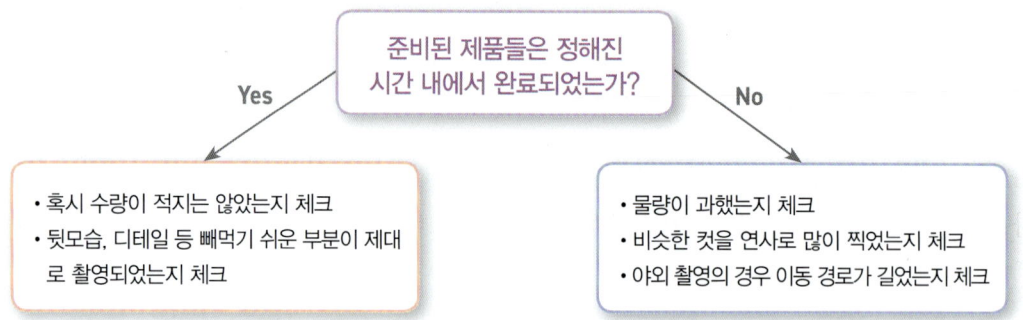

물량이 많고 적고는 사진 퀄리티와는 별개의 문제처럼 느껴질 수도 있지만, 물량이 많은 경우와 야외 촬영 시 길어질 이동 시간으로 인해 다양한 곳의 배경을 담지 못하고, 중복되는 배경이 많이 나올 수 있습니다. 아니면 촬영 컷 수를 줄여야 하기에 여러 각도의 촬영 시도나 다양한 연출을 하지 못하는 경우가 생길 수 있습니다. 그에 따라 퀄리티가 떨어지기 때문에 물량과 사진 품질은 따로 떼어놓고 생각하지 않을 수 없습니다.

> **TIP 현실적인 퀄리티 대비 물량**
>
> 쇼핑몰 운영자의 입장에서는 많은 양을 소화하면서 좋은 퀄리티를 원하지만, 물량과 퀄리티는 반비례 관계입니다. 좋은 퀄리티를 위해 장소 및 배경을 바꾼다던지, 렌즈를 바꿔가며, 다른 앵글 및 화각대로 촬영을 하고, 모델과 중간중간 소통하면서 촬영하다 보면 많은 시간이 흐르게 됩니다. 반대로 많은 수량을 촬영하기 위해서는 이동이 적어야 하며, 컷 수도 줄어들어야 합니다. 당연히 모델과 MD와의 소통은 적어지게 됩니다. 정해진 것은 아니지만, 포토그래퍼 및 쇼핑몰 운영자들이 공감하는 퀄리티 좋게 뽑고, 수량도 제법 뽑을 수 있는 코디의 수는 하루(촬영 시간 5~6시간 이내) 평균 15코디, 겨울철에 아우터 및 머플러 등 다양한 액세서리까지 추가하게 되면 12코디 정도입니다. 물론 촬영 방법, 환경 등에 따라 다를 수 있습니다. 자연스러운 결과물만을 위해 많은 컷을 찍어서 셀렉하는 쇼핑몰의 경우 하루 5코디를 하는 곳도 볼 수 있으며, 흔히 말하는 물량치기를 하는 업체의 경우 20~25코디 또는 그 이상을 소화하기도 합니다. 물론 퀄리티가 떨어지는 경우가 대부분입니다.

불필요한 사진들이 많은가?

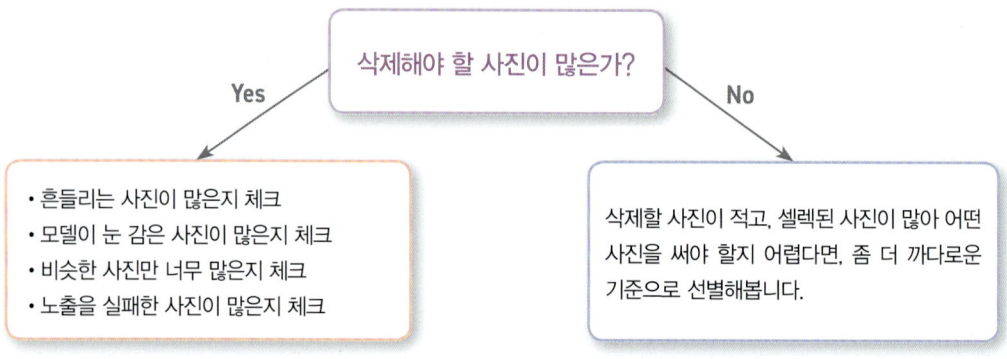

흔들리는 사진이 많으면, 셔터스피드가 느리지 않은지를 확인해야 합니다.

눈 감은 사진의 경우 모델이 지속적으로 눈을 잘 뜨고 있어 주면 다행이지만, 그렇지 않고, 자주 깜빡인다면 깜박이는 타이밍을 보고 감았다가 눈을 뜨는 시점에 셔터를 눌러 보도록 노력하거나 모델과의 소통으로 초점을 잡거나 셔터를 누를 타이밍에서는 눈을 길게 뜰 수 있게 하고 그 때에 셔터를 누를 수 있도록 합을 맞춰 보아야 합니다.

비슷한 사진이 많을 경우 앵글의 변화를 주고, 렌즈의 줌을 이용해 화각을 변경하거나 다른 렌즈를 사용하여 화각대의 변화를 줍니다. 연속해서 걷거나 빠른 동작을 캐치할 때를 제외하고는 빠른 셀렉을 위해서 카메라의 연사 모드 촬영은 피하는 것이 좋습니다.

장소, 배경, 시간대(태양 위치)가 바뀌면 노출은 무조건 달라진다라고 생각하고, 환경의 변화가 있을 때마다 테스트 컷을 촬영 후 적정 노출을 잡고 촬영합니다. 구름의 변화가 생기거나 그림자 속으로 들어갔다 나왔다 할 경우에도 노출을 체크해가며 촬영하여 불필요한 결과물들을 줄여가야 합니다.

> **TIP 연사 모드는 언제 쓰는가?**
>
> 연사 모드를 쓰면 자연스러운 컷들이 많이 생기기는 하지만, 불필요한 컷(용량)을 많이 잡아먹게 됩니다. 그래서 파파라치 사진에서처럼 걷는 컷들을 많이 쓰는 경우에 멋진 걷는 동작을 잡기 위해서 사용하거나 플레어 원피스나 흩날리는 스커트류를 촬영할 때 빙글빙글 돌면서 날리는 모습을 잡아낼 때 유용하게 사용할 수 있습니다.

> **TIP 눈 감은 사진 활용법**
>
> 눈 감고 있는 컨셉의 사진이 아니면 보통은 눈 감은 사진들은 못 쓰는 사진으로 여기고 바로 지우게 되는 경우가 많습니다. 하지만, 무작정 지우기보다는 비록 표정은 안 좋게 나오고 눈은 감았지만, 옷의 핏감과 다른 부분은 좋게 나와 있는 사진이 있다면, 그럴 경우 얼굴만 안 나오게 잘라(크롭) 쓸 수 있는지를 판단하여 활용하면 됩니다.

원했던 컨셉의 사진에 근접했는가?

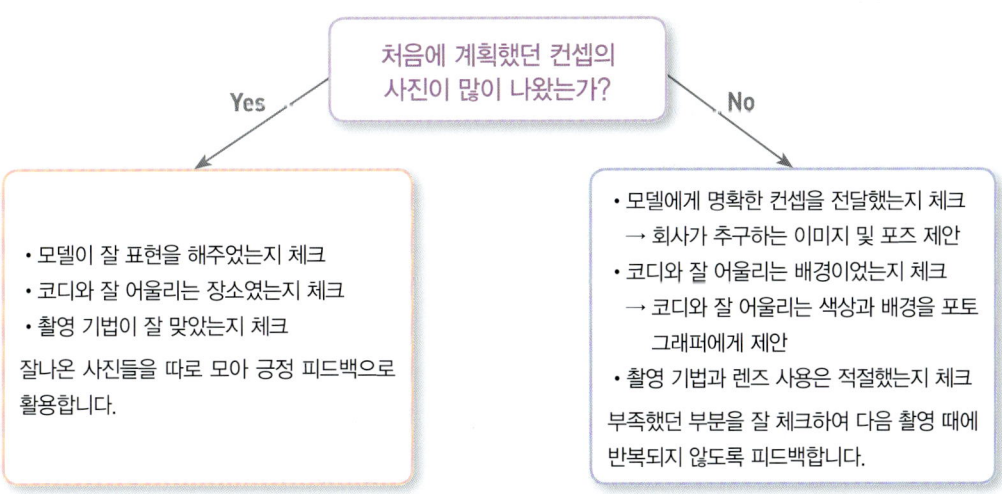

분명 좋은 피팅 사진은 좋은 모델이 있어야 효과적입니다. 하지만, 많은 쇼핑몰들이 모델을 선정하는데 있어서 어려움을 겪고 있습니다. 우리 사이트의 이미지와 잘 맞는가 아닌가 하는 문제부터 모델에게 지급되는 인건비 부분도 중요합니다. 비용적인 측면에서 절약을 위해 초보 모델을 발굴하고, 업체와 함께 잘 성장해 가는 경우도 많이 있지만, 옷의 표현이나 표정, 포즈의 다양성에서는 분명 베테랑 모델보다는 아쉬울 수 있습니다. 반대로 정말 괜찮은 베테랑 모델을 만나게 되면 옷의 표현, 포즈, 표정까지 뭐 하나 나무랄만한 것 없이 잘 해줄 경우 높은 비용이 들어 부담스러울 수 있지만 매출에 긍정적인 역할을 하므로 충분한 가치가 있습니다.

촬영자의 입장에서는 베테랑 모델을 만나게 될 경우 스스로가 잘 찍어 결과물이 좋았다며 착각을 하는 경우가 있게 되는데, 그러다가 아마추어나 아주 경력이 짧은 모델과 촬영하게 되면 "내 사진이 왜 이래?" 하는 경우도 생깁니다. 그만큼 쇼핑몰 이미지에 잘 맞는 좋은 모델을 만나는 것은 복입니다. 그러나 항상 잘 맞는 모델만을 만난다는 보장은 없기에 어떠한 경우라도 모델의 장점을 잘 끌어내고 제품을 잘 표현할 수 있게 소통하는 법을 익혀야 합니다. 그리고 사진이 잘 나왔던 특정 장소, 분위기, 컬러감 등이 좋았던 장소들을 잘 기억해 두었다가 이후 촬영에서도 활용할 수 있어야 합니다.

장소와 배경 선택에 있어서 색상, 공간, 분위기 등을 고려하여 촬영하되 촬영하는 중간에라도 아닌 것 같으면 바로 바꾸는 것이 현명합니다. 그리고 야외에서 이동 간에도 스마트폰 등을 활용하여 주변 장소를 물색하며, 촬영해 두면 배경 선택 시 도움이 됩니다.

: 쇼핑몰 촬영 시 컨셉과 장소에 따른 렌즈 선택은 어떻게 하는가?

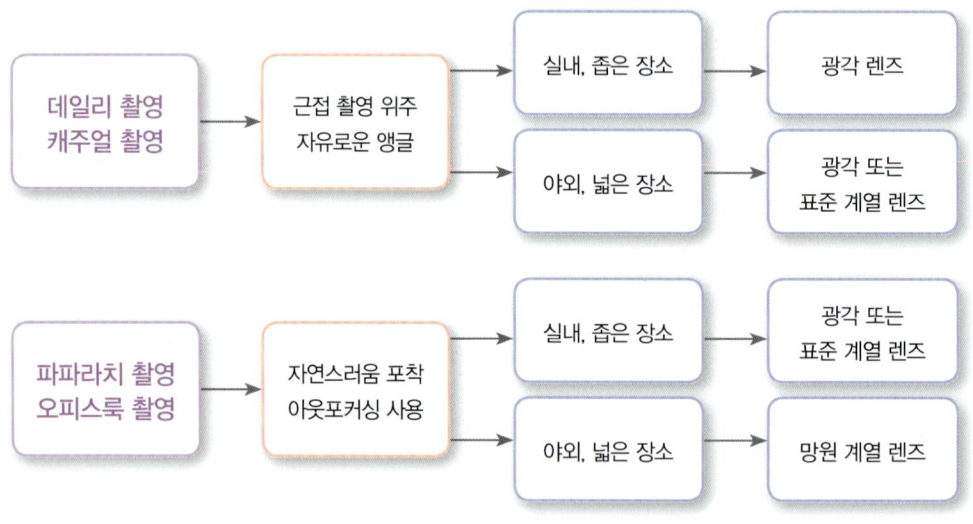

쇼핑몰 촬영에서 자사의 컨셉 방향을 잃지 않으려면 촬영 전에 계획되었던 방향에서 벗어나지 않고 잘 진행되고 있는지 항상 촬영 중간이나 이후에 계속해서 결과물 확인과 피드백이 필요합니다. 그리고 잘못된 방향은 바로 잡아가면서도 새로운 시도는 계속해야 할 것입니다. 그렇게 여러 회 촬영이 진행되다 보면 자사만의 컨셉 표현과 패턴이 잡히게 되고, 촬영은 더욱 순조롭고 견고해질 것입니다.

> **TIP 쇼핑몰의 코디 히스토리북 만들기**
>
> 촬영이 끝나면 코디별로 사용된 모든 아이템들이 보이는 전신 컷 1장씩 선별합니다. 오늘 15코디를 촬영했다면 15장의 사진을 선별합니다. 연도/월/일로 폴더를 만들어 보관을 하여도 좋고, 출력을 하여 눈으로 볼 수 있게 파일에 보관해도 좋습니다. 이렇게 매번 촬영 코디가 모이게 되면 자사의 코디 변천사 히스토리를 확인할 수 있습니다.

|02| 모델과의 커뮤니케이션

드라마나 영화에서 각본과 촬영은 너무 훌륭했지만, 배우의 캐릭터 소화나 연기력이 모자라게 되면 너무도 아쉬운 결과가 나오는 것을 종종 보게 됩니다. 반대로 각본도 그저 그렇고, 촬영/편집마저도 잘 나오지 않았는데, 배우가 연기력으로 작품을 이끄는 경우도 있습니다. 쇼핑몰 촬영의 경우도 비슷할 때가 많습니다. 모든 여건과 준비가 좋으면 좋겠지만, 촬영이 좋지 못할 경우도 생기게 됩니다. 이럴 땐 모델과 포토그래퍼가 현장과 분위기를 잘 이끌어 불리한 환경에서도 좋은 결과물을 만들어 내어야만 합니다. 모델의 경우 얼마나 회사의 컨셉과 착용한 제품의 이해도가 높은가에 따라 표현력이 달라질 수 있기에 충분한 컨셉과 이미지의 전달 및 커뮤니케이션을 필요로 합니다.

모델에게 제시하는 가장 기본적인 커뮤니케이션 방법

쇼핑몰의 제시	의미
우리의 사이트는 'We.com'입니다. 참고해 주세요.	자사의 의류 스타일과 컨셉입니다. 표정, 포즈 등을 모니터링해서 표현해 주세요.
우리가 주로 많이 참고하는 사이트가 'A.com'입니다.	지금 우리 사이트에서 좀 더 나아가고자 하는 방향의 사이트입니다. 현재의 우리 사이트 느낌에서 벗어나지 않으면서 'A.com'의 느낌을 잘 표방하고, 표현해 주세요.
'B.com'에서 포즈만 참고해 주세요.	옷의 스타일은 다를 수 있으나 'B.com'에서 모델의 표현과 포즈는 우리와 잘 맞는 느낌이니 참고해 주세요.
카메라를 응시하는 촬영은 자제할께요.	카메라를 의식하고, 포즈를 취하는 촬영모나는 카메라가 없는 것처럼 자연스럽게 촬영하겠습니다.

커뮤니케이션은 우리말로 의사소통입니다. 한쪽에서 일방적으로 알리는 것은 통보이구요. 모델에게 통보보다는 충분한 의사소통을 통해 모델도 촬영 준비를 잘 하여 쇼핑몰이 기획한 느낌을 잘 표현할 수 있게 해야 합니다.

현장에서 모델과 리뷰 중인 스타일리스/MD

촬영 전 회사가 원하는 이미지, 모델에게 바라는 점 등에 관한 커뮤니케이션도 중요하지만, 현장에서의 리뷰로 촬영 방향과 잘 맞아가고 있는지, 모델의 포즈는 우리 옷을 잘 표현하고 있는지 확인해야 합니다.

현장 리뷰 시 모델과의 체크사항	후조치
움직임과 포즈가 사전에 의도한 대로 잘 나와 주는가?	꼭 상기시켰으면 하는 이미지를 스마트폰/태블릿이나 출력물로 보여준다.
눈 감은 사진이나 쓸 수 없는 표정이 자주 담긴다면?	모델에게 평소보다는 천천히 움직여 달라고 표현하고, DSLR의 경우 셔터 소리를 들으며 호흡을 맞춰보는 연습을 해본다. 포토그래퍼는 점사(2~3회 연속 촬영) 촬영을 해 보는 것도 방법이다.
자연스럽거나 일상적인 동작이 잘 나오질 않을 때	모델에게 여러 가지 연출 상황을 제시한다. 예) 남자친구를 기다리기, 커피 마시기, 스마트폰 만지기, 셀카 촬영하기, 거울보기 등
모델에게 자신감과 힘을 더 실어주고 싶을 때	베스트 컷을 보여주며, 오늘 잘 하고 있고, 좋은 결과물 많이 나오고 있으니 '잘한다', '힘내자' 등 칭찬과 응원을 아끼지 않고 표현한다.

🔵 알고 갑시다! 촬영 중 현장 리뷰 시 가로 사진/세로 사진, 전신 사진/상반신 사진 비율 쉽게 보기

가로 사진은 여백과 넓은 배경을 세로 사진보다는 상대적으로 많이 담을 수 있기에 전체적인 분위기와 장소와의 어울림을 표현하기에 조금 더 유리하고, 세로 사진은 좀 더 인물과 코디에 집중되는 부분에서 유리합니다. 그래서 특별한 경우를 제외하면 가로 사진, 세로 사진을 적절히 섞어서 촬영하게 되는데, 촬영에 몰입되어 있으면 자칫 가로든 세로든 한쪽 방향으로만 많이 찍게 되는 경우가 있습니다. 이럴 때는 촬영 중간에라도 썸네일을 작게 하여 확인한 후 부족했던 방향의 컷과 상반신, 전신 중 모자란 부분의 사진을 더 보충하여 촬영해야 합니다.

낱장 리뷰는 표정, 포즈, 구도 위주의 리뷰 때 이용합니다.

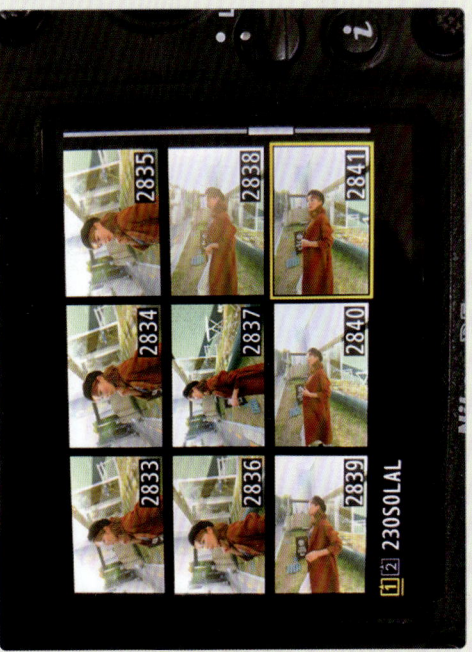

가로, 세로 비율 및 전체 분위기를 빠르게 리뷰할 때는 다중 화면으로 리뷰를 합니다(리뷰 시 돋보기 버튼 중에서 마이너스(-) 돋보기 버튼을 이용).

|03| 베스트/워스트 사진 선정하기

베스트, 워스트 사진을 선정하는 의의는 베스트 사진들은 앞으로도 유지하며, 더 발전하기 위한 것이며, 워스트 사진은 사이트의 추구하는 컨셉에서 많이 벗어난 사진들과 실패한 사진들이 다음 번 촬영에서 반복되지 않게 하여, 더욱 효과적으로 좋은 결과물에 다가가기 위함에 있습니다.

촬영 컨셉 및 포즈, 촬영법, 옷처리 등 촬영 전반의 결과물로서 판단하여 선정합니다.

베스트 사진 셀렉과 이유

- 적절한 소품을 사용했습니다.
- 가볍게 앉아서 편안함을 연출했습니다.

- 동선이 있는 행동으로 자연스러움을 연출했습니다.
- 계단에서 걷는 포즈를 통해 바지의 활동적인 모습을 표현했습니다.

- 큰 소파에 편안하게 앉아 있는 모습을 연출했습니다.
- 셀카를 찍는 자연스러움을 표현했습니다.
- 다리를 꼬고 앉아 스키니 바지임에도 편안함이 강조되었습니다.

: 워스트 사진 셀렉과 이유

- 카메라쪽의 팔을 많이 쓰게 되면 정면이 잘 드러나지 않습니다.
- 왼손이 얼굴을 많이 가리게 되어 답답한 느낌을 줄 수 있습니다.

- 팔의 처리가 아쉽게도 딱딱하게 굳은 느낌이 들어 편안한 느낌을 낼 수 없습니다.
- 몸은 너무 정면, 고개는 너무 측면의 자세가 어색해 보입니다.

- 양팔의 니트 길이를 잘 맞게 해주지 못했습니다.
- 양손 모두가 너무 모여 있어서 불편해 보입니다.

처음부터 원했던 사진들만 뽑아 내고, 모델과의 호흡이 척척 맞아 간다면 더없이 좋을 것입니다. 하지만, 현실에서는 쉽지 않습니다. 경력 모델의 경우라도 경험해왔던 스타일이며, 표현하는 마인드가 다르기에 업체에서는 원하는 이미지를 뽑아내려면 꾸준히 요청하고, 맞춰가고, 수정해 나가는 것을 반복해야 할 것입니다. 그러면 어느 순간 서로가 맞아 들어가는 때가 있게 되고, 원했던 결과물에 많이 다가가 있을 것입니다.

> **TIP 지나친 워스트(Worst) 사진 선별은 독?**
>
> 모델도 사람인지라, "이것은 나쁘다.", "저런 포즈하지 마라", "이런 표정은 금지다" 등 여러 워스트 사진들을 꼽아서 질책해 나간다면, 모델은 주눅 들고, 힘들어하면서 자신만의 '금지 담벼락'을 쌓고, 그 밖을 나가시 잃으려 힐지 모릅니다. 워스트 사진의 선정은 특전 포즈나 표정을 완전히 못하게 하는 것이 아니라 함께 맞춰가고, 개선하기 위한 방법으로 활용되는 것이 좋지 않을까 생각합니다.

CHAPTER

이번 챕터에서 다루는 포토샵의 내용은 전문 디자이너의 영역도 아니고, 포토샵이라는 프로그램조차 사용해보지 못했던 분들을 위한 툴 설명부터 시작하는 것도 아닙니다. 기초적인 툴은 익혀둔 상태에서 간단하게라도 포토샵을 다뤄봤던 분들이 어떻게 하면 피팅 촬영 후 최소한의 스킬로 효과를 낼 수 있는지를 다루고자 합니다.

※ 본문 실습에 필요한 샘플 이미지 파일은 정보문화사 자료실(www.infopub.co.kr)에서 다운로드할 수 있습니다. 다운로드는 회원 가입을 하지 않아도 됩니다.

포토샵을 이용한 쇼핑몰 사진의 기본 보정

Section 01 기본 노출 및 기본 색감
Section 02 사진 다듬기

기본 노출 및 기본 색감

|01| 노출 보정

사진의 결과물이 완벽하다면 얼마나 좋을까요? 하지만, 현실에서는 그렇지 않습니다. 촬영 각도에 따라서도, 빛이 들어오는 방향만 바뀌어도, 사진의 노출/밝기는 바뀌기 쉽습니다. 여러 가지 보정 프로그램이 있지만, 가장 대중적인 포토샵을 이용해서 노출/밝기 보정을 해보겠습니다.

조금은 어두워 아쉬운 사진을 밝게 조절하기

어두운 사진을 밝게 하기 위해서는 기본적인 포토샵 툴만 사용할 줄 알아도 손쉽게 어두운 사진을 밝힐 수 있습니다.

그림과 같이 포토샵의 [Image]-[Adjustments] 메뉴에서 [Brightness/Contrast], [Levels], [Curves], [Exposure]의 네 가지 툴로 밝기 조정이 가능합니다.

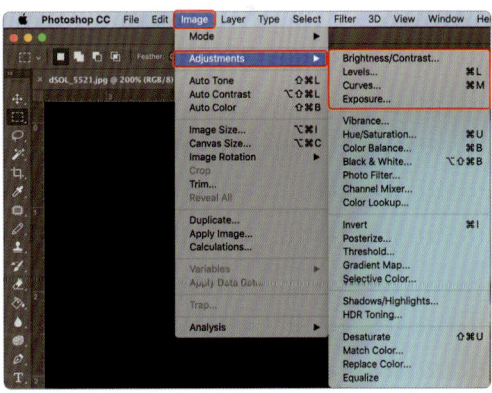

사진 밝기 조정 4가지 방법

CHAPTER 07 _ 포토샵을 이용한 쇼핑몰 사진의 기본 보정

Brightness/Contrast

항목 이름부터가 명확합니다. Brightness 값을 +해 주게 되면 사진이 밝아집니다.

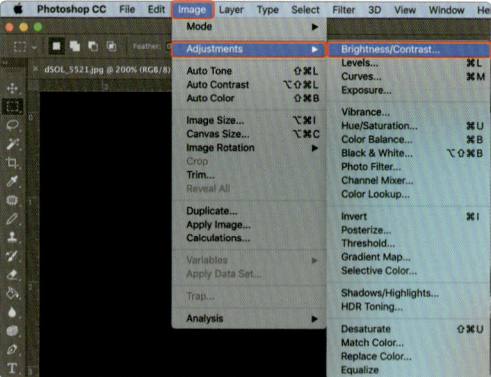

Brightness의 수치만 조금 올라갔을 뿐인데, 밝아진 사진을 확인할 수 있습니다.

> **TIP** 모든 툴에서 값을 입력할 때는 과하지 않아야 합니다. 흔히들 말하는 '이미지가 깨져 보인다'라는 결과물이 될 수 있기 때문입니다. 한 번에 과한 값보다는 적은 값으로 여러 번 넣어 가면서 원하는 이미지를 찾는 것이 유리합니다.

Levels

Levels의 특징은 Brightness와 다르게 전체 밝기만을 올려주는 것이 아니라 명부, 암부, 중간 밝기 영역의 세 부분으로 나눠져 있지만, 중앙 영역만 살짝 올려주게 되어도 전체적으로 밝기가 증가한 모습을 볼 수 있습니다.

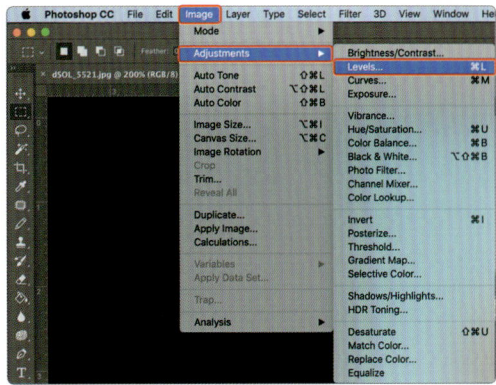

> **TIP** MAC에서는 `Command`+`L` 이지만, Window에서는 `Ctrl`+`L`을 누르면 [Levels] 창이 바로 열립니다.

중간 밝기 영역만 +값을 주고 밝아진 모습을 확인할 수 있습니다.

Curves

사실상 노출 조절에서 가장 많이 사용하는 툴이 Curves라고 보면 됩니다. 밝기 및 콘트라스트, 그리고 다음 섹션에서 설명될 컬러 영역까지 모두 다룰 수 있는 툴이기 때문입니다.

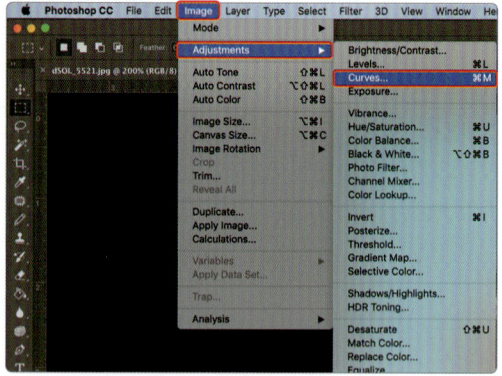

> **TIP** MAC에서는 Command+M 이지만, Window에서는 Ctrl+M 을 누르면 [Curves] 창이 바로 열립니다.

Curves는 한글판 포토샵에서 '곡선'이라고 부릅니다. 그 이유는 정비례 관계된 그래프를 이리저리 조절하게 되면 일직선의 그래프가 곡선을 이루는 모양으로 되기 때문입니다. 그래서 밝기와 명암들을 자유롭게 다루는 툴을 Curves라 부릅니다.

커브에서 손쉽게 밝기를 올리는 방법은 정비례 그래프의 중간 영역을 잡고, 왼쪽 45도 방향으로 살짝 끌어 올려주는 것입니다.

Exposure

여러 옵션이 있지만, Exposure의 +값 하나만으로도 충분히 좋은 결과를 얻을 수 있습니다.

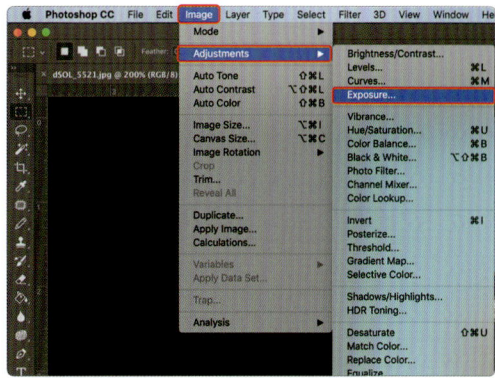

이렇게 네 가지의 툴을 이용하여 밝기를 조절하는 것을 보았습니다. 서로 다른 툴(Tool)이지만, 결과는 사진을 밝히거나, 어둡게 하는 역할로 같습니다. 알고리즘 차이나 결과물의 미세한 차이는 있을 수 있으나 우리들에게는 그저 조금 어둡게 촬영되었거나 밝게 촬영된 경우에 알맞은 밝기로 조절할 수 있다는 점만 생각하면 됩니다.

|02| 명부, 암부 다듬기

취미/인물 사진에서는 극도로 밝은 느낌의 사진이나 칠흑 같은 어두움을 연출하여도 이상할 게 없습니다. 하지만, 제품을 팔기 위한 쇼핑몰 사진에서는 디테일 유지에 많은 신경을 써야 합니다. 가령 검은 옷이지만, 그 검은색의 어두움은 유지하되 디테일이 살아 있어야 할 것이며, 흰 옷이지만, 환하고 밝은 그 흰색의 느낌을 보여주면서 역시나 디테일은 유지되어야 하는 것이 쇼핑몰 사진입니다. 왜냐하면 제품을 보여줌에 있어서 디테일과 색상은 예비 구매자에게 꼭 전달되어야 하는 정보와 같기 때문입니다.

⦁ Curves

커브는 그래프의 명부, 암부 모두를 변형시켜 명과 암을 컨트롤할 수 있습니다. 명부는 밝게, 암부는 더 어둡게 하여 콘트라스트가 높은 사진을 만들 수도 있으며, 반대로 명부를 줄여 밝게 날리는 영역을 억제하거나, 암부를 끌어 올려 어둡게 묻혀 있는 부분을 보이게도 할 수 있습니다.

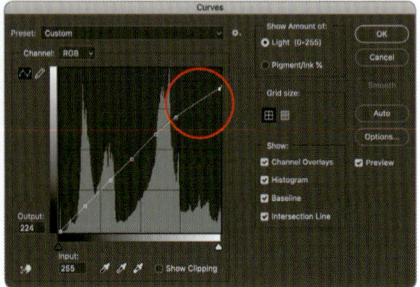

명부 영역을 눌러주는 모습

TIP 그래프를 주의 깊게 보면 여러 점들이 있습니다. 이것은 명부 또는 암부 영역을 줄이거나 늘릴 때 함께 그 주변이 크게 변하는 것을 막기 위해 그래프를 잡아 두어 생긴 포인트들입니다.

명부 영역의 그래프를 좀 더 어둡게 눌러줌으로써 흰색 옷이 밝게 날아감(너무 하얗게 밝아져 정보가 없어져 버림)을 억제할 수 있습니다.

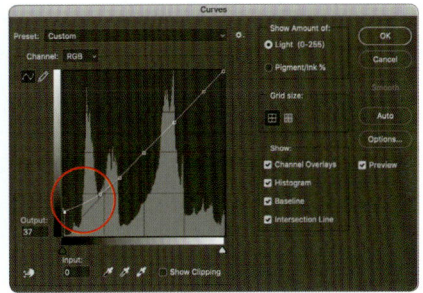

암부 영역을 끌어 올려주는 모습

암부 영역을 끌어 올리는 이유는 어둡거나 검은색 옷의 경우 그 재질이 잘 표현되지 않고, 그냥 검은 면처럼만 보일 수 있기 때문입니다. 그렇기 때문에 암부를 끌어 올려 그 질감이 더 드러날 수 있게 해야 합니다. 단, 너무 과하게 암부 밝기를 올려 검은색이 회색처럼 보이거나 너무 밝게 표현되지 않게 주의해야 합니다.

커브를 이용한 사진 보정

사진에서처럼 명부만 누르거나, 암부만 끌어올리거나, 아니면 둘 다를 실행하거나 해서 과하지 않은 범위에서 명부, 암부를 잘 살려낼 수 있습니다.

: Shadows/Highlights

이 툴은 명부와 암부 영역을 극적으로 조절하게 해 줍니다. 역시나 과한 값을 사용하게 되면 이미지에 손상이 클 수 있으니 유의하여야 합니다.

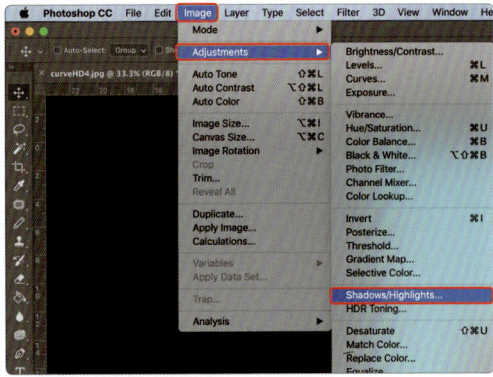

Shadows 영역에 Amount를 '20%'로 설정했습니다. 간단히 말해 어두운 영역들이 밝아졌다라고 이해하면 됩니다.

암부 영역을 올려준 결과물

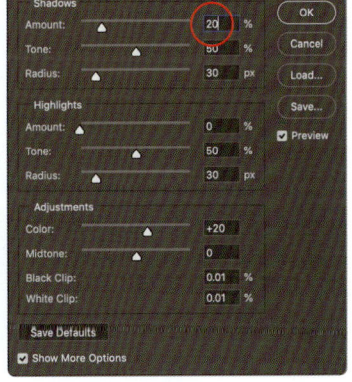

TIP Shadows 영역을 올리다 보면 검은색들이 밝은 톤으로 되면서 뿌옇게 보일 경우 암부 영역의 정보 손상이 큰 것을 의미합니다. 검은색이나 어두운 색들이 뿌옇게 살짝 밝은 톤으로 보이게 되면 그보다 더 석은 값을 사용해야 합니다.

Highlights 영역에서 Amount를 '20%'으로 설정했더니 흰색 티셔츠를 비롯해 밝은 얼굴까지 함께 진한 느낌으로 바뀌었습니다. 바로 명부 영역을 어둡게 만든 결과입니다. 밝은 옷이나 빛을 얼굴쪽으로 강하게 받았을 때 명부쪽이 하얗게 날아갈 경우 이 옵션을 유용하게 사용할 수 있습니다. 단, 원본에서 너무 밝게 찍혀서 애초에 명부 영역의 색 정보가 없으면 명부를 어둡게 만드는 값을 주더라도 별로 반영이 되지 않습니다.

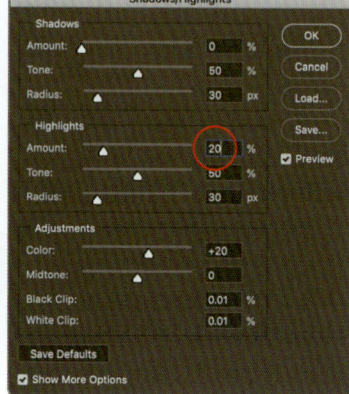

명부 영역을 눌러준 결과물

Shadows/Highlights를 이용한 사진 보정

Shadows/Highlights를 적절하게 적용했을 때의 비교

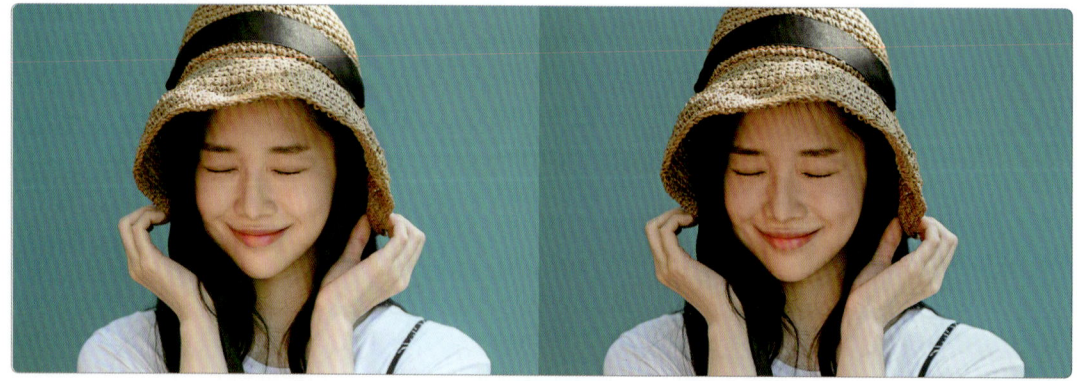

Shadows/Highlights 적용 유무에 따른 결과 비교

|03| Curves를 통한 화이트 밸런스/색감 조정

우리가 지금까지 살펴봤던 커브는 밝기 조정이나 명부/암부를 조정하는 정도로 보았지만, 채널이라는 탭을 보게 되면 RGB, RED, GREEN, BLUE가 있습니다. 여기서 RGB를 제외한 영역은 색상을 컨트롤할 수 있는 부분입니다.

Channel을 눌러 Red, Green, Blue를 선택할 수 있습니다.

: Red

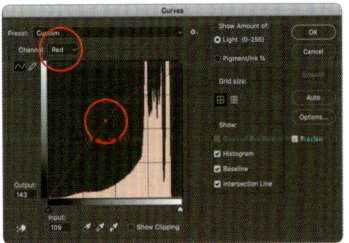

Red 영역의 커브에서 중심을 잡고, 왼쪽 상단 방향으로 끌어올리자 사진의 색상이 전체적으로 붉은색을 띠는 것을 볼 수 있습니다.

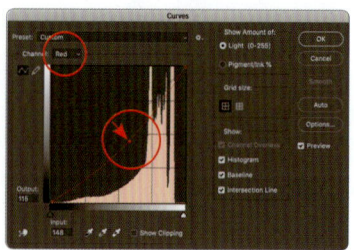

같은 Red 영역에서 이젠 반대로 우측 하단부로 끌어내릴 경우 Red의 보색 관계인 청록색(Cyan)을 띄게 됩니다. 이 말은 사진에 Red가 많이 도는 사진일 경우 지금처럼 커브의 그래프처럼 조정하게 되면 붉은색은 빠지고, 사이언 색상이 돌게 되기 때문에 컬러 밸런스를 잡을 수 있습니다.

Green

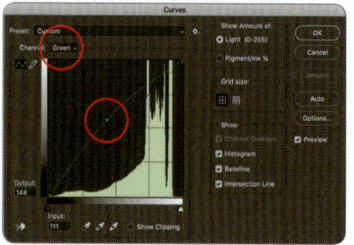

Red 때와 마찬가지로 Green 영역의 커브에서 중심을 잡고, 왼쪽 상단 방향으로 끌어올리자 사진의 색상이 전체적으로 녹색을 띄는 것을 볼 수 있습니다.

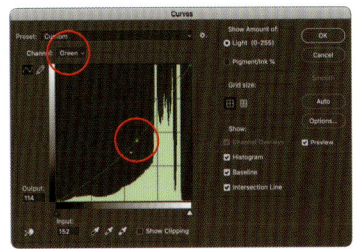

같은 Green 영역에서 이젠 반대로 우측 하단부로 끌어내릴 경우 Green의 보색 관계인 자주색(Magenta)을 띄게 됩니다. 이 말은 사진에 Green이 많이 도는 사진일 경우 지금처럼 커브의 그래프를 조정하게 되면 녹색은 빠지고, 자줏빛이 돌게 되기 때문에 역시나 컬러 밸런스를 잡을 수 있습니다.

Blue

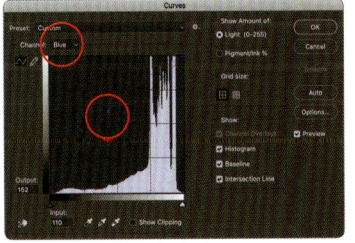

반복되는 말이지만, Blue 영역의 커브에서 중심을 잡고, 왼쪽 상단 방향으로 끌어올리자 사진의 색상이 전체적으로 파란색을 띄는 것을 볼 수 있습니다.

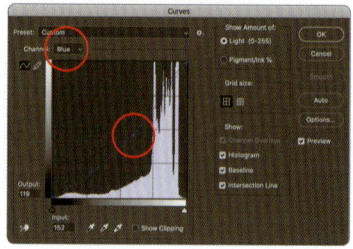

같은 Blue 영역에서 이젠 반대로 우측 하단부로 끌어내릴 경우 Blue의 보색 관계인 노란색(Yellow)을 띄게 됩니다. 파란끼가 많이 관찰되는 사진에서 지금처럼 커브의 그래프를 조정하게 되면 파란색은 빠지고, 노란빛이 돌게 되기 때문에 다른 컬러 채널에서의 조정처럼 컬러 밸런스를 잡을 수 있습니다.

커브에서 각 컬러별 채널에서 그래프를 왼쪽 상단으로 볼록하게 커브값을 주었을 경우 빨간색, 녹색, 파란색이 증가하는 것을 볼 수 있습니다.

> **TIP** 사진에서 청록빛(Cyan)이 전체적으로 많이 느껴질 때는 Red를 넣고, 자줏빛(Magenta)이 많이 느껴지게 되면 Green을 첨가합니다. 그리고 노란빛(Yellow)이 많이 돈다면, Blue를 넣는 방법으로 컬러 밸런스를 잡을 수 있습니다.

RGB의 보색 관계 색상은 CMY입니다. 사진에서 Cyan이 많아져 보이면 Red는 줄고, Magenta가 늘어나면 Green 역시 줄고, Yellow 또한 늘게 될 경우 Blue는 줄게 됩니다.

많은 사진들을 관찰하면서 그 사진에 어떠한 색이 많이 도드라지는지, 아니면 많이 부족한지를 보면서, 그 보색 관계의 색을 첨가하거나 빼는 방법으로는 화이트 밸런스도 잡는 연습을 해야 합니다. 그렇게 노하우가 늘게 되면 자신만의 컬러도 만들어 갈 수 있습니다.

그리고 Curves로 컬러 잡는 것이 익숙해졌다면, 더욱 고난위도인 Color Balance와 Selective Color, Hue/Saturation으로 연습해 본다면 정확한 컬러 밸런스 잡기나 풍성하고, 멋있는 컬러를 만들 수 있을 것입니다.

(모두 [Image]-[Adjustment] 메뉴에서 볼 수 있는 컬러 조정 항목들입니다.)

사진 다듬기

|01| 다리 늘리기

'모델들은 키도 크고, 다리도 긴데, 꼭 다리 길이를 늘려야 하나요?'라는 질문을 종종 받곤 합니다. 물론 비율이 좋은 모델들도 많습니다. 하지만, 꼭 비율 좋은 사람만 모델을 하는 것이 아니라 옷의 표현이나 표정 연기가 뛰어나서 모델을 하는 경우도 있으며, 요즘에는 키가 작은 모델도 많이 볼 수 있는 시대가 되었습니다. 그리고 촬영하다 보면 포토그래퍼가 사용하는 렌즈나 촬영하는 각도, 카메라 높이에 따라 실제 모델의 비율보다 더 안 좋게 표현되는 경우도 많습니다. 그렇다 보니 그런 부분들을 보완하고, 깨끗하고, 예쁜 핏감을 위해서 다리 늘리는 보정을 하고 있습니다. 억지스럽게 길게 만드는 개념보다 '모델 비율을 안정감 있게 보이기 위함이다'라고 생각하면 됩니다.

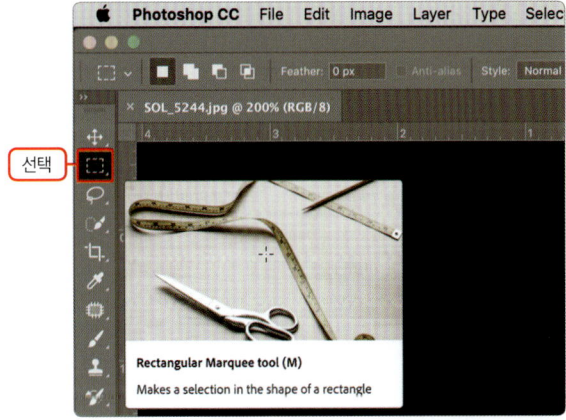

다리 늘리기에서 가장 먼저 해야 할 일은 다리를 늘릴 영역을 선택하는 것입니다. 그 툴은 Rectangular Marquee라고 하는 툴입니다. 사각형과 동그라미 형태 중 선택을 할 수 있는데, 우리들에게는 사각형 선택 툴만 필요합니다.

Rectangular Marquee 툴로 선택 시 주의점은 팔, 손이 포함되지 않게 선택하는 것입니다. 많은 작업을 하면 요령이 생기지만, 사진 아래쪽 끝부터 무릎까지만 해서 다리를 늘리게 된다면 종아리만 긴 사람이 될 수 있습니다. 그래서 종아리만 긴 사람이 되는 것을 방지하기 위해서 여건이 되는 한 허벅지 위쪽까지 최대한 많이 선택하고 늘려주는 것이 더욱 안정적으로 보일 수 있습니다.

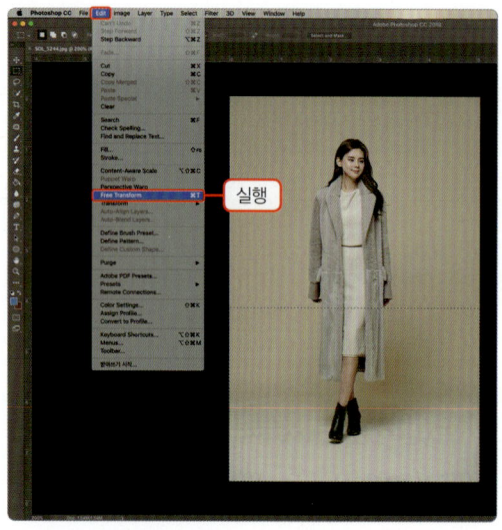

이렇게 늘릴 영역이 선택되었다면, 다리를 늘려주는 옵션인 Free Transform을 이용합니다([Edit] 메뉴에서 볼 수 있습니다). 단축키는 윈도우에서 Ctrl + T 이며, 맥OS에서는 Command + T 입니다. 이제 영역도 선택되었고, 그 영역마저 자유롭게 변형이 가능한 상태가 되었습니다.

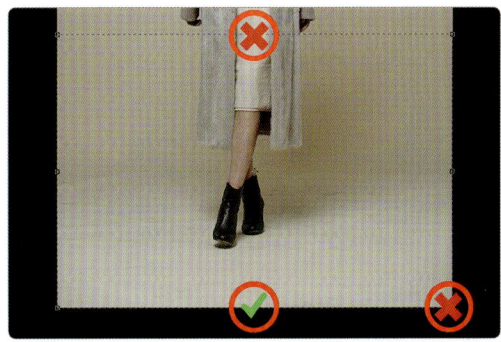

자유 변형이 가능한 상태에서 8개의 작은 네모 변형 포인트 중 중앙부 하단을 선택한 후 아래쪽으로 당겨주면 다리가 길어집니다. 자연스러움이 유지될 정도로 과하지 않게 실행해 줍니다.

적절히 늘린 다음 Enter 를 누른 후 Ctrl + D 를 눌러 영역 해지를 하면 완료가 됩니다.

◀ 다리를 늘리기 전과 늘린 후의 비교 사진입니다. 확실히 티가 나게 하기 위해서 좀 길게 만들어 보았으나 실전에서는 과하지 않게 작업합니다.

알고 갑시다! 다리를 늘릴 때 복잡한 배경은 위험하다

복잡한 장소나 정사각형, 정원형이 있는 배경, 일정한 패턴의 배경(벽돌, 타일 배경)에서는 다리를 늘린 티가 많이 날 수 있습니다.

뒤쪽의 자전거 타이어가 타원형처럼 길어진 것을 볼 수 있습니다.

다리쪽 바닥이 깨끗할 경우 다리 늘리기는 더 깔끔하게 됩니다.

다리 늘리기

|02| 얼굴 라인 다듬기

앞서 말씀드린 다리 늘리기처럼 모두들 예쁜 모델들이지만, 약간의 단점이 있을 수도 있으며, 그 단점을 살짝 보완하는 정도로 보정을 하는 것이 가장 예쁜 보정이라 할 수 있습니다. 언제부턴가 한국인이 원하는 미인상이 갸름한 턱선, V라인이다 보니 우선 턱선과 턱끝을 다듬어 라인을 조정해보겠습니다. 이럴 때 필수적으로 이용되는 툴이 리퀴파이(Liquify)입니다. 다리 늘리기처럼 필요한 부분을 선택하여 리퀴파이 툴로 조절하게 됩니다.

Rectangular Marquee 툴로 조정해야 할 영역보다 넓게 주변부까지 선택해 줍니다.

화면 전체를 선택하지 않는 이유는 Rectangular Marquee 툴로 넓은 영역을 선택하여 필터를 먹이면 컴퓨터 리소스를 비교적 많이 사용하기 때문에 원활한 작업을 위해서 필요한 영역만 선택합니다.

리퀴파이 툴을 사용하려면 메뉴에서 [Filter]-[Liquify]를 실행합니다. 윈도우에서 단축키는 Ctrl + Shift + X 이며, 매킨토시에서의 단축키는 Command + Shift + X 입니다.

리퀴파이 툴 내부에서 우리가 선택해야 할 툴은 Forward Warp Tool입니다. 얼굴 라인을 밀고 당기고 하면서 잡아 갑니다. 픽셀을 이동시키는 원리로 조정하는 것입니다.

툴이 선택되고 나면 그 툴의 알맞은 값을 지정해야만 원하는 결과값을 더 쉽게 얻을 수 있습니다.

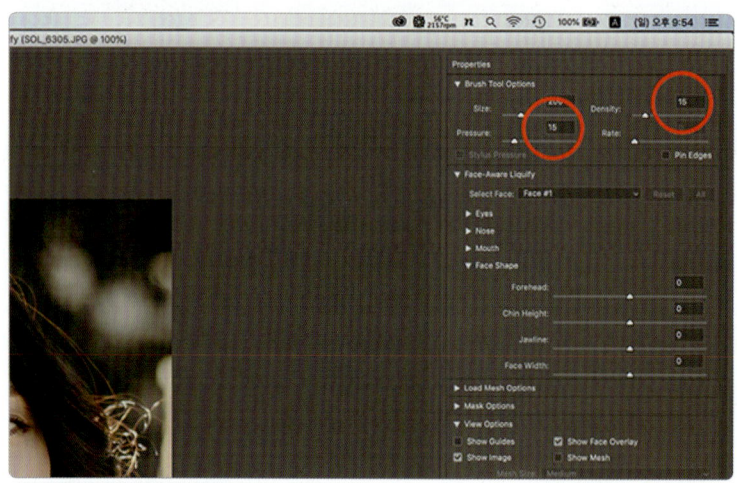

리퀴파이에서 Density(밀도) 값과 Pressure(압력) 값의 알맞은 조합으로 얼굴 윤곽이나 턱선 더 나아가 다리 라인, 허리 라인까지 조절할 수 있습니다. 그런데, 이 두 값이 높으면 픽셀의 이동이 너무 급격하여 미세한 컨트롤을 하기가 힘이 듭니다. 그래서 Density, Pressure 둘 다 15~20의 값을 사용하게 되면 정교하면서도 편하게 컨트롤할 수 있습니다.

> **TIP** 얼굴 리퀴파이는 위에서부터 아래로 내려오면서 작업하는 것이 유리하고, 키보드의 P를 누르면 전후 모습을 볼 수 있습니다. 리퀴파이는 항상 비교해가면서 작업을 해야 합니다. 전후 사진을 비교하지 않고, 열심히 갸름하게만 작업하다 보면 어색할 만큼 다른 사람의 모습이 되어 있기도 합니다.

과하지 않게 턱선이 보정된 전/후 결과물

얼굴 다듬기

CHAPTER 07 _ 포토샵을 이용한 쇼핑몰 사진의 기본 보정 **251**

|03| Web용 피부 보정하기

Web용 사진의 피부 보정 방법을 알아봅니다. 'Web용'이라고 붙인 이유는 컴퓨터 모니터나 태블릿, 스마트폰 정도에서 볼 때는 좋을 수 있으나, 출판물, 대형 인화물에서는 디테일이 살짝 뭉개져 있는 모습이 드러날 수 있기 때문입니다. 그래서 Web용 작업물에서만 이용하는 피부 보정법입니다.

가장 먼저 해야 할 일이 Layer를 복사하는 일입니다. 왜냐하면 깨끗하게 닦아내야 할 마스크를 만들기 위한 레이어가 필요하기 때문입니다. Layers 패널에서 레이어를 선택하고 윈도우에서는 Ctrl + J를, 매킨토시에서는 Command + J를 누르면 레이어가 복제됩니다.

이제 부드러운 피부를 위해 피부를 뭉개는 작업입니다.

메뉴에서 [Filter] – [Blur] – [Smart Blur]를 선택합니다. Radius는 '3.0', Threshold는 '25.0'로 설정하고, 나머지는 기본값 그대로 두고 Enter 를 누르고 나면 사진이 살짝 부드러워진 것을 볼 수 있습니다.

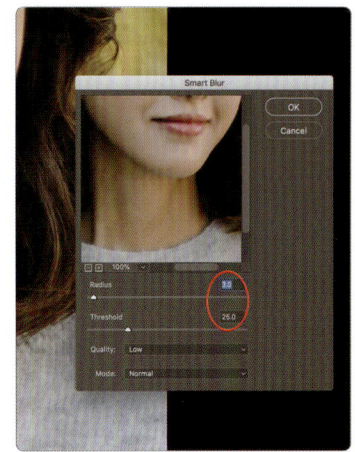

이렇게 부드러워진 느낌에다가 메뉴에서 [Filter] – [Blur] – [Gaussian Blur]를 선택합니다.

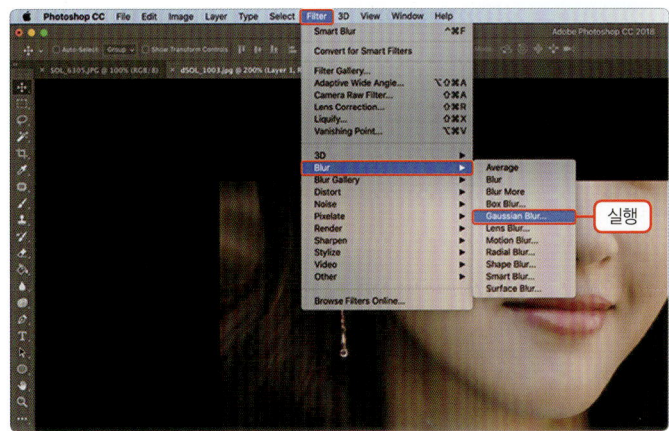

Radius를 '3.0'으로 설정합니다. 그러면 사진이 많이 뿌옇게 되었음을 볼 수 있습니다.

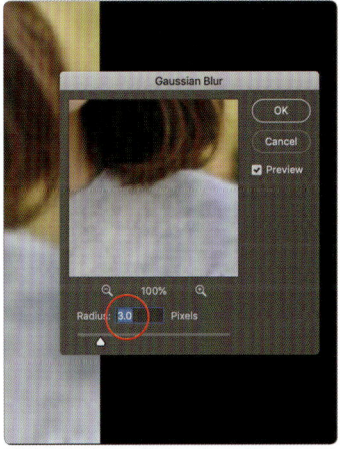

이제 마스크를 씌워줄 차례입니다. 하지만, 마스크 버튼을 누르기 전에 먼저 체크해야 할 사항이 있습니다.

Foreground와 Background 컬러를 기본값으로 만들어 줘야 합니다. 위에 있는 빨간색 네모 속의 버튼을 눌러주게 되면 기본값으로 설정됩니다.

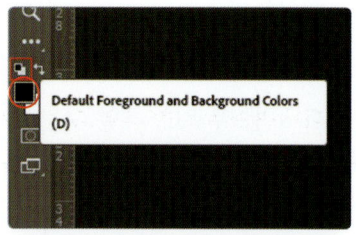

그런 다음 Layers 패널 가장 오른쪽 하단의 끝에서 5번째 아이콘에 마우스 커서를 가져다 놓으면 'Add layer mask'라고 뜹니다. 반드시 Shift를 누르고 이 버튼을 클릭합니다. 그러면 검은색 마스크가 생성된 것을 확인할 수 있습니다.

검은색 마스크가 생성되었지만, 달라진 것이 생겨났습니다. 뿌옇게 되어 있던 얼굴이 다시 선명해지고, Blur 필터를 입혔던 것이 사라진 것처럼 보입니다. 하지만, 그 Blur 필터들은 사라진 것이 아니라 마스크에 의해서 보이지만 않을 뿐입니다. 따라서 저 검은색 마스크를 벗겨 내게 되면 부드러운 이미지들의 피부를 볼 수 있게 됩니다. 즉, 피부가 뽀얗게 됩니다.

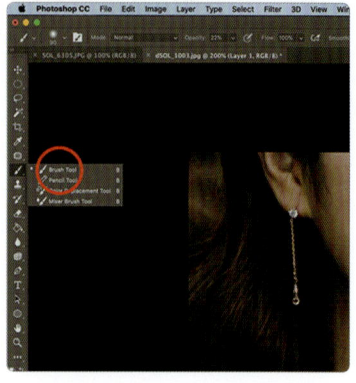

마스크를 벗겨내는 작업에 이용되는 도구는 바로
브러시입니다. 브러시를 선택하여 필요한 부분을
닦아내면 뽀샤시한 피부가 보이게 될 것입니다. 하
지만, 어색하지 않게 피부를 만들려면 브러시의 옵
션들 값을 잘 선택해야 합니다. 브러시가 지나간
자리와 아닌 자리가 극명확하게 드러나게 되면 좋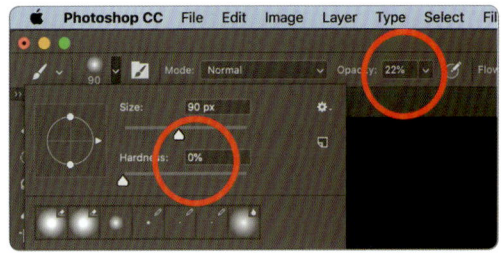
은 작업이 될 수가 없습니다. 그래서 그 경계를 부드럽게 하기 위한 브러시 옵션을 선택하여 줍니다.

브러시의 Opacity를 '20~30%', 브러시의 Hardness를 '0%'로 설정합니다. 이렇게 설정하고, 피부를 닦아내면 닦인 곳과 아닌 곳의 경계가 크게 드러나지 않게 작업을 할 수 있습니다.

(위) 피부 밀기 전, (아래) 피부 밀기 후

TIP 뽀샤시한 피부 만들기를 위해 브러시 사용 주의점

피부 밀기를 할 때 브러시의 값도 중요하지만, 브러시가 지나가지 말아야 할 곳들이 있습니다. 헤어 라인, 눈썹 라인, 눈 라인, 콧구멍, 입술 라인, 인중 라인, 턱선은 선명도가 유지되어야 어색하지 않기 때문입니다. 이곳의 선명도가 무너지면 뿌연 느낌, 어색한 느낌을 받을 수 있습니다.

뽀샤시한 피부 만들기

찾아보기

기타

AWB · 073
DSLR 카메라 · 025
Flange Back · 027
ISO · 066

ㄱ~ㄴ

고속동조 · 091
광각 렌즈 · 035
광각 렌즈의 왜곡 · 038
광량 조절 · 134
그리드 · 134
노출 보정 · 229
노출 부족 · 060
노출 오버 · 060

ㄷ~ㅁ

다리 늘리기 · 245
단렌즈 · 049
데일리 스타일 촬영 · 115, 124
디지털 카메라 · 022
렌즈에 따른 초점거리 · 033
렌즈의 화각 · 032
룩북 촬영 · 174
리플렉터 · 131
망원 렌즈 · 044
매크로 렌즈 · 048
모델 선정 · 125
미러리스 카메라 · 026
미시/마담 쇼핑몰 · 110, 124

ㅂ~ㅇ

바닥컷 세팅 방법 · 144
바닥컷 촬영 · 143
반사판 · 166
뷰티 디쉬 · 132

사각 소프트 박스 · 130
사광 · 195
셔터스피드 · 061
셔터스피드 우선 모드 · 071
순광 · 195
스마트폰 카메라 · 030
스트리트 패션 촬영 · 106
스트립 소프트 박스 · 131
심도 · 040
어안 렌즈 · 047
얼굴 라인 다듬기 · 249
역광 · 196
역광으로 촬영된 사진 보정 · 200
역사광 · 196
오피스룩 쇼핑몰 · 088, 124

ㅈ~ㅊ

자동 화이트 밸런스 모드 · 073
적정 노출 · 060
조리개 값 · 061
조리개 우선 모드 · 070
줌렌즈 · 048
천장 바운스 촬영 · 173
초점거리 · 032
측광 · 195

ㅋ~ㅎ

카메라의 촬영 감도 · 067
캐주얼 쇼핑몰 · 100
컴팩트 카메라 · 023, 029
크롭 · 079
파파라치 촬영 · 107
표준 렌즈 · 040
플랜지백 · 027
필름 카메라 · 022
허니컴 · 133
헐리웃 패션 · 124
헤드룸 · 098